バンコク ¥1000でできること

山下マヌー

メディアファクトリー

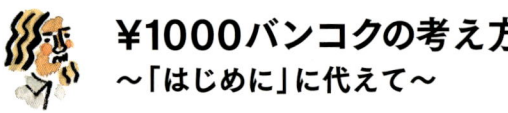
¥1000バンコクの考え方
～「はじめに」に代えて～

　前作『ハワイ¥1000でできること』の好評に気を良くして、調子に乗っての"¥1000シリーズ"第2弾はバンコク編。ハワイ編でも書きましたが、なぜ"1000円縛り"にして書こうと思ったのか？ それは1000円を境に、観光客とローカルが利用する店が分かれるからと考えたからなんです。日本でもそうであるように、モノを買ったり食事をするときって、その料金が1000円以上だと**「1000円かぁ。高いなぁ……」**と躊躇しませんか？　お店もその辺の客の心理はわかっていて、とくに飲食店では、1000円以下（ランチはすでにワンコイン以下）の品揃えに気を配っています。ということは、旅先でローカルの人のことを知ったり、食べたり、買ったりしたいなら、1000円以下の店に行くに限る、とそう考えたからなのでした。

　しかし今回はタイのバンコク。
　平均所得金額が日本の半分以下というこの国で、1000円といえば相当なことができる金額です。普通のローカルの人々が日常的に行っていることなら、すべてこの金額でできてしまいます。では、なぜそんな状況のバンコクで"¥1000シリーズ"を？
　それはこう考えたからです。**バンコクで1000円あれば、日本でできない贅沢ができる**のではないか！　と。バンコクの贅沢に触れ、いいものを知り、いいものを食べ、初めて味わう刺激を受ける……。それが1000円で可能なら、行ってみたくなりませんか？

　経済発展めざましいバンコクには、日本にない最新のレストランから、素晴らしいインテリア空間で食べる伝統宮廷料理まで、何でもあります。また日本でなら数千円はするハイエンドホテル

のカクテルも、バンコクなら同じ系統のホテル、同じゴージャスな空間（いやそれ以上）なのにもかかわらず、1000円以下で利用できる。食事から夜遊びまで、**およそ日常生活の中の贅沢が1000円でできてしまう**。それが今のバンコクなんです。

一方、庶民派バンコクも大切です。ゴージャスバンコクに加え、本書では¥1000≒300バーツ以下の人気店もピックアップ。**屋台メシのような庶民の味**も、バンコクならではの楽しみです。

そんな"¥1000バンコク"を楽しむなら、旅のスタイルは自ずと自由旅行。パックツアーで決められた内容に縛られることなく、自由に旅を作れるのがいいんです。で、その場合に大切なのが①**ホテル** ②**エアライン** ③**現地での過ごし方** の3つ。旅の3大要素といっても良いでしょう。とくに①と②をどれだけお値打ち価格で買うかによって、③の予算が左右されるといっても過言ではありません。

エアラインですが、日本からバンコクへ多くの航空会社が飛んでいます。しかし航空会社別に料金を調べるのは、時間がかかります。そこでまずは、さまざまな航空会社の正規割引運賃と格安航空券を扱っている**大手旅行会社で一気に値段をチェック**します。ITが発達した今、旅行会社はその日の座席の仕入れ状況と販売状況で、チケットの値段を高くしたり安くしたりしていることがあり、航空会社で売られているものより、安くなっていることがほとんど。また旅行会社独自でチャーター便を運行していることもあり、そんな情報も知ることが可能です。マイレージを貯めているなどの理由で、航空会社を指定したい場合でも同じ。まずは**代理店で底値を確認した後、念のため航空会社のHPをチェックする**。そんなダブルチェックでOKです。ちなみにこの原稿を書いている2013年7月1日のバンコクまでのチケット代金を、航空会社3社と大手旅行代理店と比較したものがp4の表です。

自由旅行では万一のときに不安という人がいます。しかしエアチケットを旅行会社で買えば、緊急の際、その会社の現地の代理店が窓口となって面倒を見てくれます。タイに多くの支店を持つ

旅行会社を選んでおけば安心です（たとえばH.I.S.ならタイ国内5都市に直営の支店があり、24時間日本語のサポートあり）。

【2013年7月1日の成田〜バンコク往復航空料金の比較表】	
日本航空	¥36,000
全日空	¥36,000
デルタ航空	¥29,000
旅行会社（H.I.S.の場合）	¥28,000（デルタ航空利用）

　またホテルですが、こちらも旅行代理店経由の場合と、HPでホテルに直接予約する場合の料金をチェックし、お得なほうを選択します。またじゃらんネットなどのホテル専門のブッキングサイトを見る場合には料金のほか、「朝食付きプラン」とか「レディスプラン」といったお得なプランが付加されていることが多々あります。上辺の数字だけにとらわれず、じっくり検討してみることです。

　最後に③。現地に滞在中、どうすれば¥1000を無駄なく使えるのか？　ハワイ編でも解説したように、答えは**クレジットカードを利用する**、です。その理由はいろいろありますが、海外で最も注意しておかなくてはならないことのひとつに盗難があります。もし海外で現金を盗られたり落としたりしたら、泣き寝入りです。なので**現金はなるべく持ち歩かない**でクレジットカードで支払うことです。バンコクではほとんどの店でクレジットカードが使えます。クレジットカードの場合、第三者が不正利用したことがわかれば、本人に明らかな過失がない限り、その金額は請求されないので盗難時にも安心。紛失しても、緊急キャッシュ・緊急カード発行のほか、24時間日本語での通話無料対応を行っている会社もあります。しかし、そうはいっても現金払いしか受けつけない店もあります。実はクレジットカードでも**ATMからお金を引き出せる**ということをご存じでしたか？　タイには日本語で使えるATMも多いので、基本的な支払いはクレジットカードで、必要な現金もATMでクレジットカー

ドを使って下ろすのがスマートです。なお、キャッシングの可否と利用可能額、クレジットカードのPIN（暗証番号）は旅行前に必ず確認しておくことです。

　また自由旅行の場合には、ホテルへのチェックインの際、かならずクレジットカードの提示を求められます。ホテル側にとっては逃げられないためですが、滞在中ホテルでの飲食代など、部屋付けにしたい支払いをカードにチャージしてくれるので楽です。

　タイでクレジットカードで支払う場合、「バーツで決済しますか？ それとも円にしますか？」と聞かれることがあるかもしれません。そのときには**「バーツで」と答えておいたほうが無難**と覚えておきます。円払いの場合、お店側で追加の手数料が加算される場合があるのです。また、自動的に円払いに設定されている場合もあるので、サインをするときは支払い通貨の確認を怠りなく。

　クレジットカードのほか、専用の口座に入金した金額だけ利用できる、海外専用トラベルプリペイドカードや、預金口座の残高分まで使える国際デビットカードなど、いろいろな種類のカードがあるので、出発前に確認し、現地では有効にお金を使って、楽しく効率的に"¥1000バンコク"を楽しんできてください。

　それではいよいよページを開いて、¥1000ゴージャス宮廷料理から始めますか。

Siam
サイアム

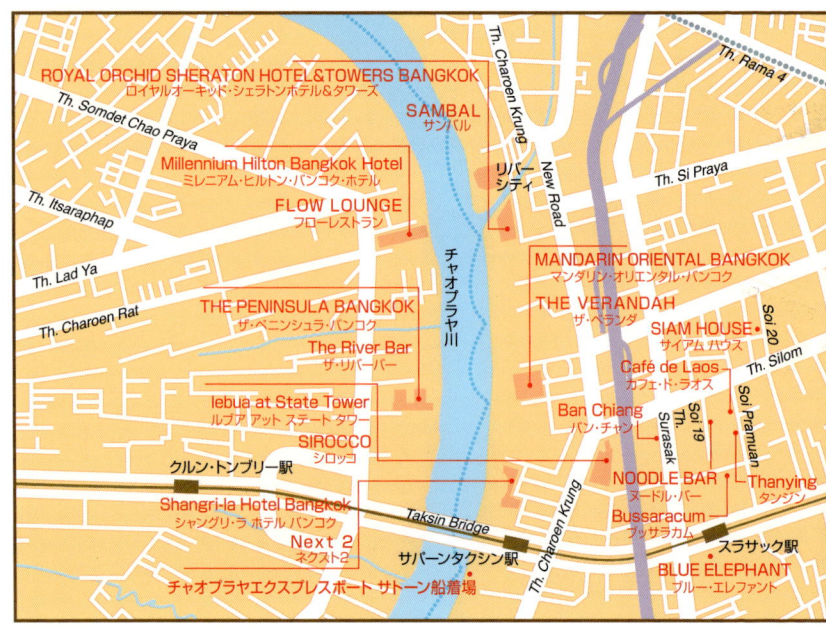

Map 1 (upper):

- パヤータイ駅
- Th. Si Ayutthaya
- THE ROOF TOP BAR / ザ・ルーフトップ・バー
- ibis Bangkok Siam / イビス バンコク サイアム
- Mercure Bangkok Siam / メルキュール バンコク サイアム
- Asoke-Rachadapisek Expressway
- Th. Ratchaparop
- ジム・トンプソンの家
- ラチャテーウィー駅
- Th. Petchaburi
- ラチャプラロップ駅
- Th. Nikhom Makkasan
- プラティナム・ファッション・モール
- Th. New Petchaburi
- Novotel Bangkok Platinum / ノボテル バンコク プラティナム
- Raan Kaithong Pratunam / ラーン・ガイトーン・プラトゥーナム
- Siam Center / サイアムセンター
- セントラルワールド
- Centara Grand At Centralworld / セントラ グランド アット セントラルワールド
- Red Sky / レッドスカイ
- Th. Rama 1
- Siam Paragon / サイアム・パラゴン
- 国立競技場
- ナショナル・スタジアム駅
- サイアム駅
- Sol 3
- サイアム・スクエア
- Tao Maha Brahma / エラワンの祠
- Th. Phloen Chit
- チットロム駅
- プルーンチット駅
- BTSスクンビット線
- ナーナー駅
- MBK FOOD COURT / MBKフードコート
- Laab Lang Suan / ラープ・ラン・スワン
- Th. Sukhumvit
- MBK Center / MBKセンター
- ロイヤルバンコク スポーツ・クラブ
- ラチャダムリ駅
- NANA BURGER / ナナ・バーガー
- Th. Phaya Thai
- Th. Henri Dunant
- Th. Ratchadamri
- BTSシーロム線
- Soi Lang Suan
- Th. Witthayu
- Soi Ruam Rudi
- Chaloem Mahanakhon Expressway
- 300m N

Map 2 (lower):

- Th. Rama 4
- ROYAL ORCHID SHERATON HOTEL&TOWERS BANGKOK / ロイヤルオーキッド・シェラトンホテル&タワーズ
- Th. Somdet Chao Praya
- Th. Charoen Krung
- SAMBAL / サンバル
- Th. Si Praya
- Millennium Hilton Bangkok Hotel / ミレニアム・ヒルトン・バンコク・ホテル
- Th. Itsaraphap
- FLOW LOUNGE / フローレストラン
- リバーシティ
- New Road
- Th. Lad Ya
- MANDARIN ORIENTAL BANGKOK / マンダリン・オリエンタル・バンコク
- Th. Charoen Rat
- THE PENINSULA BANGKOK / ザ・ペニンシュラ・バンコク
- THE VERANDAH / ザ・ベランダ
- チャオプラヤ川
- SIAM HOUSE / サイアム ハウス
- Soi 20
- The River Bar / ザ・リバーバー
- Café de Laos / カフェ・ド・ラオス
- Th. Silom
- lebua at State Tower / ルブア アット ステート タワー
- Ban Chiang / バン・チャン
- Th. Surasak
- Soi 19
- Soi Pramuan
- SIROCCO / シロッコ
- NOODLE BAR / ヌードル・バー
- Thanying / タンジン
- クルン・トンブリー駅
- Shangri-la Hotel Bangkok / シャングリ・ラ ホテル バンコク
- Bussaracum / ブッサラカム
- スラサック駅
- Taksin Bridge
- Next 2 / ネクスト2
- サパーンタクシン駅
- Th. Charoen Krung
- チャオプラヤエクスプレスボート サトーン船着場
- BLUE ELEPHANT / ブルー・エレファント

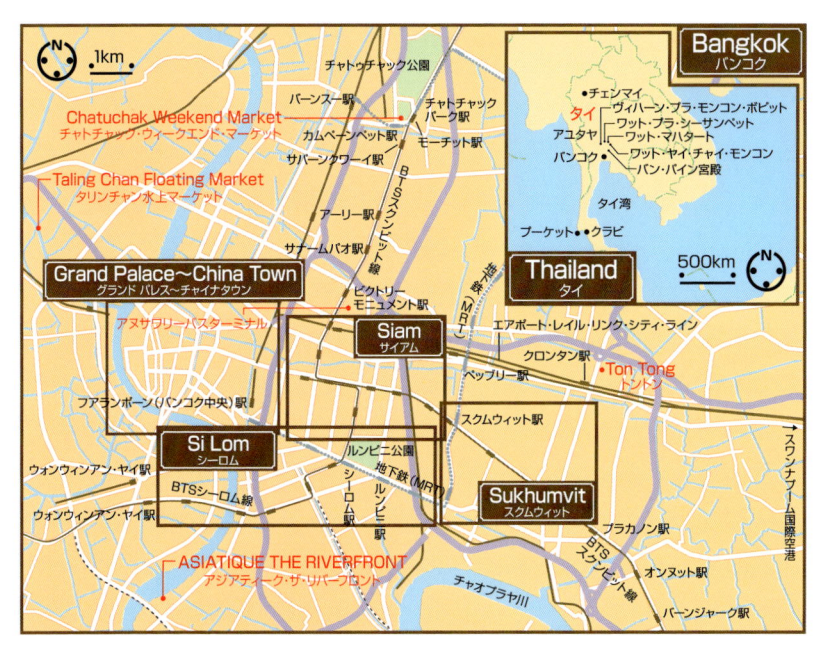

Bangkok Map

Bangkok
バンコク

- チェンマイ
- タイ
- ヴィハーン・プラ・モンコン・ボピット
- ワット・プラ・シーサンペット
- アユタヤ
- ワット・マハタート
- バンコク
- ワット・ヤイ・チャイ・モンコン
- バン・パイン宮殿
- タイ湾
- プーケット ・ ・クラビ

Thailand
タイ

500km

Chatuchak Weekend Market
チャトチャック・ウィークエンド・マーケット

チャトゥチャック公園
バーンスー駅
チャトチャックパーク駅
カムペンペット駅
モーチット駅
サパーンクワーイ駅

Taling Chan Floating Market
タリンチャン水上マーケット

アーリー駅
サナームパオ駅

BTSスクンビット線

Grand Palace～China Town
グランド パレス～チャイナタウン

ビクトリーモニュメント駅
アヌサワリーバスターミナル

Siam
サイアム

エアポート・レイル・リンク・シティ・ライン
クロンタン駅

•**Ton Tong**
トントン

フアランポーン(バンコク中央)駅
ペップリー駅

Si Lom
シーロム

スクムウィット駅
ルンピニ公園
BTSシーロム線
地下鉄(MRT)
シーロム駅
ルンピニ駅

Sukhumvit
スクムウィット

ウォンウィンヤン・ヤイ駅
ウォンウィンヤン・ヤイ駅
プラカノン駅
BTSスクンビット線

ASIATIQUE THE RIVERFRONT
アジアティーク・ザ・リバーフロント

チャオプラヤ川
オンヌット駅
バーンジャーク駅

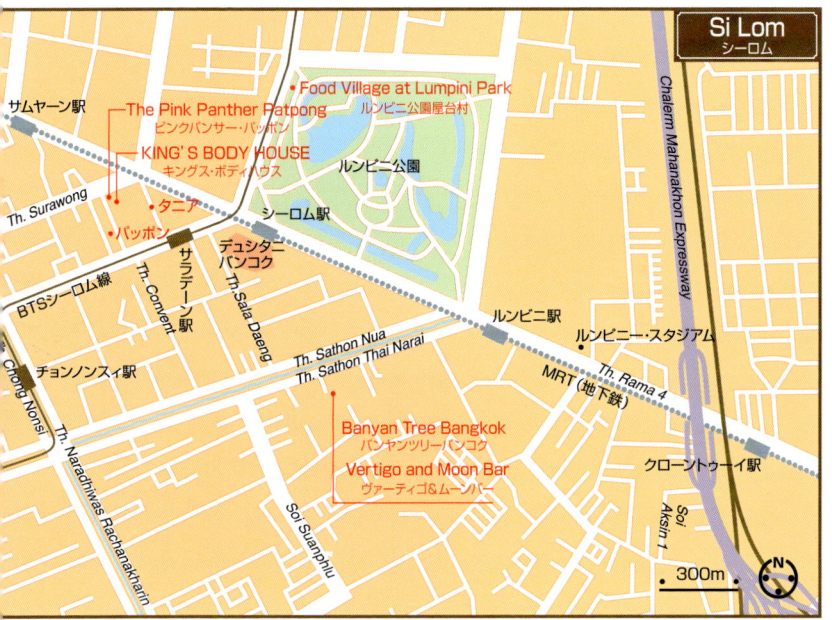

スワンナプーム国際空港

Si Lom
シーロム

サムヤーン駅

•**Food Village at Lumpini Park**
ルンピニ公園屋台村

The Pink Panther Patpong
ピンクパンサー・パッポン

KING'S BODY HOUSE
キングスボディハウス

ルンピニ公園

Th. Surawong
•タニア
シーロム駅
•パッポン
デュシタニバンコク

BTSシーロム線
サラデーン駅
Th. Convent
Th. Sala Daeng

ルンピニ駅
ルンピニ・スタジアム

チョンノンスィ駅
Th. Sathon Nua
Th. Sathon Thai Narai
Th. Rama 4
MRT (地下鉄)
クロントゥーイ駅

Chalerm Mahanakhon Expressway

Th. Naradhiwas Rachanakharin

Banyan Tree Bangkok
バンヤンツリーバンコク

Vertigo and Moon Bar
ヴァーティゴ&ムーンバー

Soi Sianphlu
Soi Aksin 1

300m

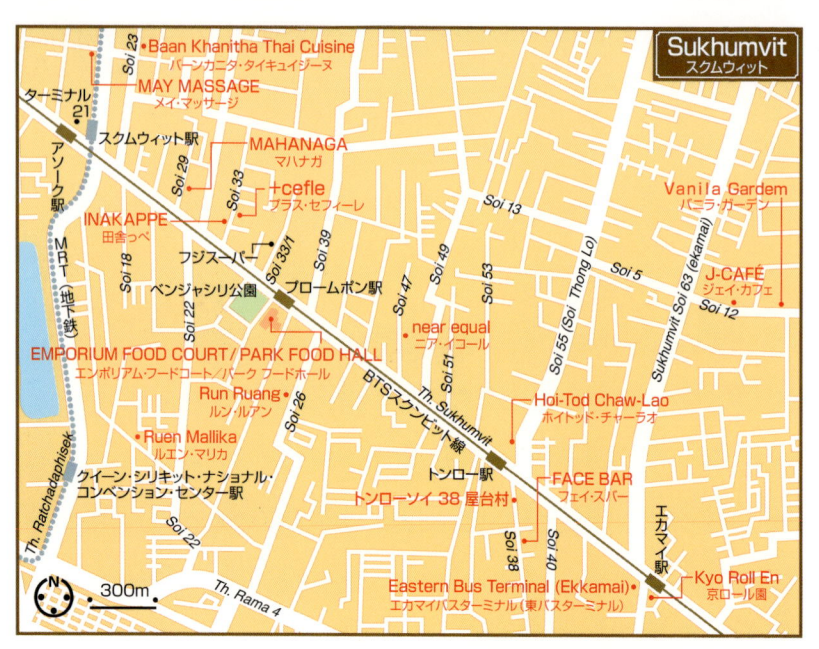

Sukhumvit スクムウィット

- Baan Khanitha Thai Cuisine / バーンカニタ・タイキュイジーヌ
- MAY MASSAGE / メイ・マッサージ
- ターミナル21
- スクムウィット駅
- アソーク駅
- MRT (地下鉄)
- Soi 23
- Soi 29
- Soi 33
- MAHANAGA / マハナガ
- +cefle / プラス・セフィーレ
- INAKAPPE / 田舎っぺ
- Soi 18
- Soi 33/1
- Soi 39
- フジスーパー
- ベンジャシリ公園
- ブロームポン駅
- Soi 22
- Soi 26
- Soi 47
- Soi 49
- Soi 13
- Soi 53
- Soi 5
- Soi 55 (Soi Thong Lo)
- Sukhumvit Soi 63 (ekamai)
- Soi 12
- Vanila Gardem / バニラ・ガーデン
- J-CAFÉ / ジェイ・カフェ
- near equal / ニア・イコール
- Soi 51
- EMPORIUM FOOD COURT / PARK FOOD HALL / エンポリアム・フードコート／パーク フードホール
- Run Ruang / ルン・ルアン
- Ruen Mallika / ルエン・マリカ
- クイーン・シリキット・ナショナル・コンベンション・センター駅
- Th. Ratchadaphisek
- Soi 22
- Th. Sukhumvit
- BTSスクンビット線
- トンロー駅
- トンローソイ38 屋台村
- Soi 38
- Soi 40
- Hoi-Tod Chaw-Lao / ホイトッド・チャーラオ
- FACE BAR / フェイ・バー
- エカマイ駅
- Kyo Roll En / 京ロール園
- N 300m
- Th. Rama 4
- Eastern Bus Terminal (Ekkamai) / エカマイバスターミナル（東バスターミナル）

Grand Palace ～ China Town グランド パレス～チャイナタウン

- Khao San Road / カオサン通り
- Ranbuttri Road / ランブトリ通り
- 国立美術館
- 国立劇場
- 国立博物館
- タマサート大学
- THAI MASSAGE / タイ・マッサージ
- サナーム・ルアン（王宮前広場）
- Th. Ratchadamnoen Klang
- 民主記念塔
- アヌサワリーバスターミナル
- Th. Nakon Sawan
- Th. Lan Luang
- トリムック宮殿
- ワット・マハタート
- チャオプラヤ・エクスプレスボート ターチャン船着場
- ワット・サケート（黄金の丘寺院）
- ワット・ラカン
- ワット・プラ・ケオ
- 王宮
- ワット・スタット（インドラ寺院）
- Th. Bamrung Muang
- ワット・ラチャボピット
- Krua Khun Kung / クルアクンクン
- Th. Charoen Krung
- Th. Maha Chai
- Th. Luang
- ワット・ポー（涅槃仏寺）
- The Deck / ザ・デッキ
- Yaowara Market / ヤワラー市場
- Th. Krung Kasem
- ワット・アルン（暁の寺）
- CHINA TOWN SCALA SHARK'S FIN / 中国城銀都魚翅酒楼
- ワット・ポピット
- Th. Maitri Chit
- Th. Yaowarat
- Th. Charoen Krung
- Th. Maitri Chit
- フアランポーン（バンコク中央）駅
- Th. Arun Amarin
- ワット・カラヤナミット
- ラマ1世像
- チャイナタウン
- ワット・トライミット（黄金仏寺院）
- フアランポーン駅
- MRT (地下鉄)
- N 300m

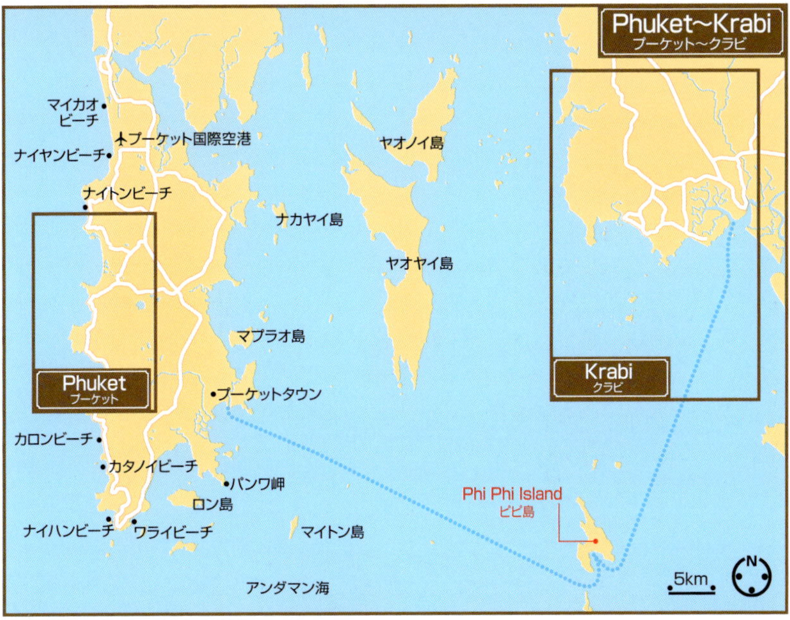

Phuket~Krabi
プーケット～クラビ
マイカオビーチ
プーケット国際空港
ナイヤンビーチ
ナイトンビーチ
ナカヤイ島
ヤオノイ島
ヤオヤイ島
マプラオ島
プーケットタウン
Phuket
プーケット
Krabi
クラビ
カロンビーチ
カタノイビーチ
パンワ岬
ロン島
Phi Phi Island
ピピ島
ナイハンビーチ
ワライビーチ
マイトン島
アンダマン海
5km
N

Phuket
プーケット
N
2km
Laguna Beach
ラグーナビーチ
CATCH BEACH CLUB
キャッチ ビーチ クラブ
Surin Beach
スリンビーチ
Laem Sing Beach
ラムシンビーチ
Iguana Beach
イグアナビーチ
Outrigger Laguna Phuket Beach Resort
アウトリガー・ラグーナ・プーケット・ビーチ・リゾート
Edgewater
エッジウォーター
Patong Beach
パトンビーチ
Emeraldd
エメラルドベイ
Paradice Beach
パラダイスビーチ
Th. Phrabarami
Th. Thawiwong
Th. Thawewong
Th. Sirirat

Krabi
クラビ
Sofitel Krabi Phokeethra Golf & Spa Resort
ソフィテル ポキットラー クラビ ゴルフ&スパ リゾート
Koh Poda Pool Bar
コー・ポダ プールバー
Kruathara After Tsunami
クルアタラ・アフターツナミ
SAKURA TOUR
さくらツアー
aonang
アオナン
Tongsai bay
トンサイベイ
Tup Island
タップ島
Railey Beach
ライレイビーチ
Phra Nang Beach
プラナンビーチ
Poda Island
ポダ島
Rayavadee
ラヤバディ
Chicken Island
チキン島
N
3km

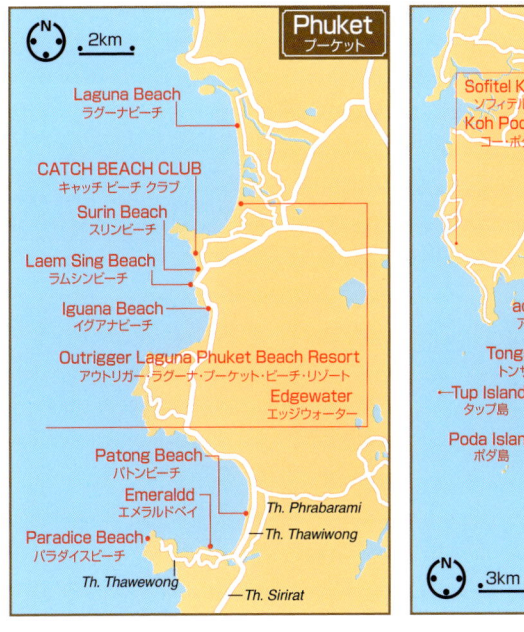

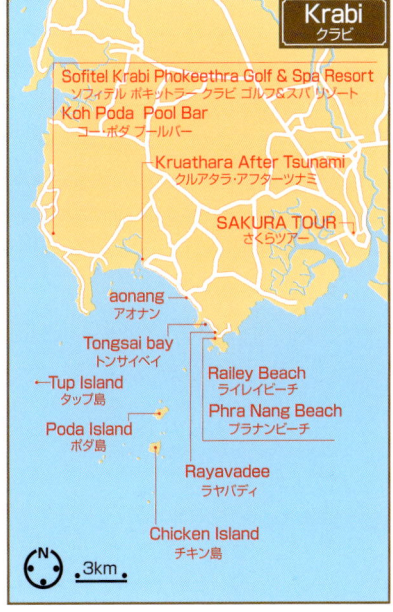

Contents

1000円バンコクの考え方
～「はじめに」に代えて～ **2**

バンコク マップ 6

Part1 ¥1000 Restaurant & Bar 15

Bussaracum ブッサラカム
タイ王宮伝統料理のおいしいとこ取りのお得なセットを **16**

Thanying タンジン
王宮シェフのメイン料理が絶対にお得です!! **18**

MAHANAGA マハナガ
バンコクの隠れ家バーは1杯飲むと1杯無料! **20**

Blue Elephant ブルー・エレファント
王族空間で食すセレブなタイ料理 **22**

near equal ニア・イコール
本場の味付けに飽きたら日本人オーナーのお店のタイ料理 **24**

The Deck ザ・デッキ
暁の寺院正面。黄昏れ時の絶景ライトアップ&カクテルが最高! **26**

Baan Khanitha Thai Cuisine バーンカニタ・タイ・キュイジーヌ
王族も利用する超高級レストランで天然エビのトムヤムクンを味わう **28**

CHINA TOWN SCALA SHARK'S FIN 中国城銀都魚翅酒樓
安い! うまい! ボリューミー! フカヒレ&ツバメの巣で肌プルツヤ **30**

Ruen Mallika ルエン・マリカ
元王族の邸宅で食べる医食同源的タイ料理 **32**

Laab Lang Suan ラープ・ラン・スワン
超ディープ&激ウマのイサーン料理専門店 **34**

Raan Kaithong Pratunam ラーン・ガイトーン・プラトゥーナム
バンコクの超有名店。極うまチキンライスは食べとかないと! **36**

Run Ruang ルン・ルアン
麺好きローカルにはたまらないバーミーの名店 **38**

NOODLE BAR ヌードル・バー
エアコンが効いた店内で食べられるほぼ屋台料金の麺ショップ **40**

本場の屋台デビューの前にフードコートで予行演習する
エンポリアム・フードコート／パーク フードホール／MBK フードコート **42**

虫屋台
おやつに酒のつまみに、ムシ食いねぇ！ **46**

**トムヤムクン、カレー、パッタイ
3大人気メニューの名店を巡るバンコク・プチトリップ 48**
トントン／サイアムハウス／ホイトッド・チャーラオ／田舎っぺ

Sukhumvit Soi 38 Food Market トンローソイ 38屋台村
安さ実感！ バンコク名物、屋台メシで食い倒れ **56**

Food Village at Lumpini Park ルンビニ公園屋台村
タイスキよりむしろチムチム。ローカル屋台村で食べるアツい鍋 **62**

**チャオプラヤ川、リバーフロント
ハイエンドホテルのバーホッピング 64**
ロイヤルオーキッド・シェラトン ホテル＆タワーズ
ミレニアム・ヒルトン・バンコク・ホテル／ザ・ペニンシュラ・バンコク
マンダリン・オリエンタル・バンコク／シャングリ・ラ ホテル バンコク

Novotel Bangkok Platinum ノボテル バンコク プラティナム
ホテルのバーのハッピーアワーでお買い物の休息を **68**

Vanilla Garden バニラ・ガーデン
中庭を囲むお洒落コンプレックスで食べるスイーツ **70**

Ban Chiang バン・チャン
セピア色の景色の中で食べるプルプルジューシーなマンゴースイーツ **72**

Café de Laos カフェ・ド・ラオス
築150年の旧家で休憩しフレッシュ・ココナッツジュースを **74**

J-CAFÉ ジェイ・カフェ
タイの日本ファンに人気。和空間カフェでハッピーアワー **76**

Kyo Roll En 京ロール園
アツいバンコクからエスケープ。人気の和スイーツ **78**

FACE BAR フェイス・バー
ハイレベルな空間で食べる上質スイーツ **80**

¥1000バンコク㊙コラム
タイ料理は、自分好みの味に仕上げる **82**

Part2 ¥1000 Activity **83**

Tao Maha Brahma タオ・マハ・ブラーマ（エラワンの祠）
タイ伝統舞踊を神様に捧げてみる **84**

Long Tale Boat ロングテール・ボート
Taling Chan Floating Market タリチャン水上マーケット **86**
水の都バンコクと呼ばれた時代へ。ロングテール・ボートに乗ってタイムスリップ

世界で最も宇宙に近い天空バーホッピング 90
ザ・ルーフトップ・バー／シロッコ／レッドスカイ／ヴァーティゴ＆ムーンバー

ASIATIQUE THE RIVERFRONT アジアティーク・ザ・リバーフロント
（たぶん）世界一回転速度の速い最新モールの最新観覧車 **96**

世界遺産の街・アユタヤへ200バーツでワンデートリップ 98
バン・パイン宮殿／ワット・ヤイ・チャイ・モンコン／ワット・マハタート
ワット・プラ・シーサンペット／ヴィハーン・プラ・モンコン・ボピット

カオサン通りの歩き方
Khao San Road カオサン通り **104**

タニヤ、パッポン、ナナ
バンコク3大歓楽街を見に行く 108

The Pink Panther Patpong ピンクパンサー・パッポン
カップルで観るパッポン"男と女とキックボクシング" **112**

ibis Bangkok Siam イビス バンコク サイアム
発見！1000円台でちゃんと泊まれるスタイリッシュホテル　**114**

激安ゲストハウス
なんと1泊100バーツで逃げ込める部屋もあります　**116**

+Cefle プラス・セフィーレ
毎日でも揉んでもらいたい極楽＆お手頃タイマッサージ　**118**

THAI MASSAGE タイ・マッサージ
青空マッサージは缶ビール持参で満足度倍増　**120**

Siam Center サイアムセンター
ネイルサロン激戦フロアは、バンコクの底値！　**122**

バンコク交通事情
水上ルートと空中ルートで高効率に移動する　**124**

¥1000バンコク㊙コラム
タイ式トイレのルール＆マナー　**128**

Part3　¥1000 Shopping　129

Yaowara Market ヤワラー市場
混沌空間の問屋街に飛び込み、大人買い！　**130**

MBK Center MBKセンター
ローカルプライスで何でも揃うMBK　**134**

Chatuchak Weekend Market チャトチャック・ウィークエンド・マーケット
欲しいものが必ず見つかる！毎週末がバンコク見本市状態　**136**

Siam Paragon サイアム・パラゴン
おいしいお土産が揃うデパ地下でタイの味をテイクアウト　**138**

¥1000バンコク㊙コラム
イミグレーションで並ばず、悠々入国する裏ワザとは？　**140**

Part4 ￥1000 Resort Style 141

ホントは教えたくなかった⁉ パラダイスビーチ・ホッピング 142
スリンビーチ／ラムシンビーチ／イグアナビーチ／パラダイスビーチ／ラグナビーチ

Patong Beach パトンビーチ
ビーチで憧れの4ハンズマッサージ！ **146**

Edgewater エッジウォーター
お洒落ビーチフロントホテルのバーでサンセット＆カクテル **148**

アイランドホッピングへ！ 秘境まで450バーツ！ 150

Kruathara After Tsunami クルアタラ・アフターツナミ
ボリューミーでジューシーなタイガープラウンのバター焼き **154**

Koh Poda Pool Bar コー・ポダ・プールバー
クラビ注目エリアのフレンチホテルのバーで気取ってみたり？ **156**

あとがき 158

※本書では、1タイバーツ＝3.3円としています。

Part1

¥1000 Restaurant & Bar

タイ王宮伝統料理の
おいしいとこ取りのお得なセットを

　元王宮シェフがこの店を開店させて、約30年。本格的タイ伝統王室料理を手頃な値段で提供してくれる店。白い瀟洒な一軒家の店内に入れば、街中の喧噪とは無縁。かなり上質なインテリアの中、**タイ王宮ランチ**がいただけます。こちらの店、どちらかというと外国人客が多い店。しかしながら、ほかの外国人相手の店がしているようなマイルドな味付けに変えることはなく、「**味付けはあくまで本来のタイ料理の味にこだわっている**」というところがいいんです。夜はそれなりのお値段（といってもコース料理を頼んで1人約2000円ですけど）なので、¥1000バンコクとしては「お得なランチブッフェがある」という情報を聞きつけ、入店。……ところがなんとそれはガセネタ！　お店の人に確かめたところ「ブッフェはもうやめたんです」だって。一瞬頭の中が真っ白になったものの、気を取り直して「ではメニューから」と見つけたのが、こちら。夏に食べるタイの伝統料理がひとつのお皿に盛られた、**"おいしいとこ取りつまみ食い的お得セット"255バーツ**。スイートチリの卵包み、ポークの衣包み、中国野菜、エビのつみれなどのおかずにごはんが上品にデコレーションされて登場。驚いたのはごはん。なんとまぁ、クラッシュアイスが盛られているんです！　そこにジャスミンで香り付けされた水をかけて食べるという、そんな **Ice on the Rice** の不思議ごはん。まさに夏ならではの限定食。

　ちなみにこちら、かつてイギリスグルメ雑誌でNo.1タイ料理店として選出されたことがあるんです。そんなお店の味を1000円以下で楽しめるのも、まさにバンコクならでは。

この佇まい。それでいてお手頃価格の宮廷料理が食べられる。¥とBHTの価格差ランチに感謝しつつ、いただきます。

Bussaracum　ブッサラカム　│　Map p6

所在地 1 Si Wiang Road（off Soi Pramuan）| Sathorn/Silom, Bangkok
電話 02-630-2216　**営業時間** 11：00〜14：00　17：30〜22：30　無休
http://www.bussaracum.com/

王宮シェフのメイン料理が絶対にお得です!!

　こちらも元王宮のシェフがオーナーのタイ宮廷料理の店。ところで、宮廷料理とはいったいどんな料理なのだろう？　疑問に思い店のスタッフに質問。すると「とくにありません」と予想もしない答えが返ってきたぞ。それっていったいどういうこと!?　彼によると「王様は好きなものを食べるのです。だから王様に仕える料理人は何でも作れないと務まりません」と、わかったような、わからないような解説をいただきました。

　ま、料理の種類はともかく、**王様の口に合う高貴な味付け**ということは確かなのだから、それを試してみることに。前菜とメインの中からオーダーしようとメニューを拝見……。「!」安い！　安すぎる！　entréeと書かれたページ、つまりメイン料理でさえ100バーツ台からもれなく選べるんです！　そこで「お任せで人気のものを3品ほど」とオーダー。まず前菜として運ばれてきたのが、**カオ・タン・タン**なる一品（140バーツ）。クリスピー・ライスクラッカーを、豚のミンチが入ったココナッツ風味のピーナッツソースに付けて食べるというタイの伝統料理のひとつで、これが実にうまい！　次に来たのは**ミー・グロブ**＝エビのかた焼きソバ（160バーツ）で、これもまた実にうまい！　さらに続けて**グリーンカレー**（160バーツ）。とんがり帽子の**ブラウンライス**（35バーツ）で、こちらも文句なしのうまさ！……値段も味もそしてインテリアにも大満足の"うまいの3連ちゃん"なのでありました。

　ほんと、ここはバリューです。

カオ・タン・タン
BHT 140

グリーンカレー
BHT 160

いやぁここはホントにバリューです。店のインテリア、料理の味と内容と値段の絶妙なバランスにやられました。

Thanying タンジン | Map p6

所在地 10 Thanon Pramuan (Pramuan St.), off Silom Rd., between Silom 17 and 19, Bangrak, Bangkok
電話 02-236-4361 **営業時間** 11：30～22：00 無休
http://thanying.com/

Price
130 Baht
Best value in Bangkok

バンコクの隠れ家バーは1杯飲むと1杯無料！

　スクンビットの大通りからソイ29に入った先に佇む、かなりお洒落目なラウンジ＆レストラン。この店の存在を知らなければ、通りから見ただけではいったいここが家なのか店なのか。店だとしても何の店なのか判断不明。緑と木に覆われたような建物を入ると、**そこはバンコクの喧噪とは無縁の空間**が広がっているんです。大きな中庭を囲むようにしてデザイン＆配置された建物とインテリアはかなりお洒落。近頃バンコクの若者たちの間で増えてきている、ミディアムハイクラスの遊び人たちをはじめ、在住外国人をも満足させる空間を演出。

　東京にこんな贅沢な空間を持つ店があったら、相当な金額を払うことを覚悟しなくてはならないところですが、しかしここはバンコク。普通にカクテルを頼んでも**1杯260バーツ！**　¥1000でお釣りが来るというお値打ち価格（我々にとってはそうでも、バンコクの人にしてみたら、かなりあり得ない金額ということは重々承知しております）。しかも毎日17時30分〜20時までなら「BUY 1 GET 1 FREE」＝**1杯頼めば1杯サービス**。つまり半額＝130バーツで飲めるという太っ腹プロモーションを実施中ですよ。

　料理もいけるんです。伝統的タイ料理を現代風にモディファイしたこちらのタイ・フュージョン料理は、2011年にグルメ雑誌のベストレストランに選出。カクテルと一緒に前菜などをオーダーして、味の実力を確かめてみてください。ちなみに前菜メニューは別になっていて、黙っていると高いメニューのものしか渡されないかもしれません。そんなときには「**タパス・メニュー・プリーズ**」とひと言告げればOK。

バーカウンター、レストラン、パーティルームと空間が分けられているので、カクテルだけで利用してもまったく問題なし。入り口の建物は一軒丸ごと貸し切りのパーティ会場として人気。見せてもらったんだけど、かなりレベルの高いインテリアでしたわ。

MAHANAGA　マハナガ　| Map p8

所在地 2 Sukhumvit Soi 29 Road, Bangkok
電話 02-662-3060　営業時間 17：30〜23：00　無休
http://themythbangkok.com

王族空間で食すセレブなタイ料理

　青い象でお馴染みのお店。実はタイオリジナルではなく、最初に出店したロンドンの店が人気となり、タイに逆輸入されてブレークという、そんな遍歴を持つ店。ロンドンのほか、現在はフランスやベルギー、ドバイ、ロシアほかに支店を持つ、そんなワールドワイドな人気店。

　2002年、本国タイに満を持して出店した場所は、BTSのスラサック駅正面に立つ1915年建造の豪邸。以前は王室関係者が所有していたもので、現在は「**守るべき歴史的名建築**」に認定されている名建築中の名建築のレストラン。

　内外のセレブ客が多く利用しているこちらの店では、ディナーを1000円で収めることは無理。ところが**ランチならアラカルトを選べば180バーツから**と、1000円以内も可能。ですが、ここで選んだのは**ビジネスランチ**。お値段599バーツと¥1000をオーバーしますが、あえての選択。なぜなら相当お得だから。前菜／スープ／メイン／デザートというほぼフルコースなら**1000円オーバーもここではOK**なんです。

　外国人客が多いので味はどうなのか？　本場タイの味なのか？　同行したローカル知人に実食をお願いし、感想を聞いてみると、「ちゃんとタイの味付け」と。そこで気になったのが、いったいどういう味付けがローカル風というのだろうか、ということ。すると「屋台と同じ味ということ」だって。ってことは、屋台と同じ味を屋台の何倍ものお金を払って食べているということ？　ちょっと複雑な気持ちになってきました……。でも贅沢ってそういうものなんだろうなぁ。しかもタイの一流の贅沢ですよ。日本で同じ贅沢を同じ料金でできますか?!　無理ですな。

ゴージャスさの演出度でいえば、今回登場している店の中で間違いなく、最もポイントの高い店。そしてサービスもスマートで抜かりない。さすが世界で磨かれてきただけのことはあります。クッキングスクールも行っているので興味があればどうぞ（詳しくは拙著『1週間タイ』に）。

Blue Elephant　ブルー・エレファント　| Map p6

所在地 233 South Sathorn Road, Kwaeng Yannawa, Khet Sathorn, Bangkok
電話 02-673-9353　**営業時間** 11：30〜14：30　18：30〜23：30　無休
http://www.blueelephant.com/bangkok/

本場の味付けに飽きたら
日本人オーナーのお店のタイ料理

　日本人駐在員が多く住むエリアにある、日本人がオーナーのお土産屋兼レストラン。ここもまた、看板が出ていなければ**民家と間違えてしまいそうな佇まい**。玄関を入れば1階がお土産ショップで、2階がレストラン。オーナーが日本人ということもあり、「近くに住む駐妻たちもよく利用している」とは現地日本人の話。タイに暮らしているとはいうものの、たまには味付けが「安心」なタイ料理が欲しくなるんでしょうか?

　その味付けを試してみるべくオーダーしたのは、**カニチャーハン**（150バーツ）、**玉子焼き**（150バーツ）。さらに、とてもパスタが食べたくなったので**スパイシー・シーフードスパゲティ**（220バーツ）。普通は日本人客相手だと値段が高かったりするものだけど、ここはそんなことはなく、意外にも良心的?（とはいっても、屋台の3倍の値段だけどね）。味付けは確かにほかの店と比べたら若干マイルド……のような気がする。ちなみに、レストランはいくつもの個室に分けられているので、プチパーティやバンコク旅行の打ち上げ飲み会にも使えそう。

　1階で売られているお土産は手作りの陶器や置物だったり、シルク製品や小洒落たバッグだったり、いわゆる雑貨中心。こちらのお値段も100バーツ前後から。街中にはない、ちょっとセンスのいい小物を大量購入するのにも便利な一軒だと思います。

カニチャーハン
BHT 150

住宅地の中の一軒家スタイルなので見落とさないように。お土産屋は観光客のみならず、日本人駐在員家族でもにぎわっているというのは、地元でも評判店という証拠。商品の一部はお店で作っていて、その様子を見ることもできます。

near equal ニア・イコール | **Map p8**

所在地 22/2 Sukhumvit Soi 47, Klongton-nua, Wattana, Bangkok
電話 02-258-1564
営業時間 10：00〜21：00（1階雑貨フロア）、11：30〜22：30（2階レストラン＆カフェ）無休
http://www.allier-group.com/

暁の寺院正面。黄昏れ時の絶景ライトアップ＆カクテルが最高！

　古い洋風建築が残っているターディアン船着場界隈。このエリアもまた、現代から古い時代へのバンコクへとタイムスリップできるユニークな場所。エリアの中、チャオプラヤ川に面した一軒の洋館を改築した瀟洒なブティックホテル、**アルン**。その1階にあるのが、**お洒落リバーサイドカフェ、ザ・デッキ**。18時半前に出かけ、テラス席最前列をキープ。**カクテル（175バーツ）**などを傾けつつ、19時頃に始まるライトアップを待つというスタイルがベスト。

　もし席が確保できなかったら？　その場合にはテラス席横の階段に注目。3階まで上がれば、そこにはもうひとつのワット・アルン一望の絶景バー**アモラサ**が待ち構えています。アモラサのイチオシ席は、フロントローのハイチェア席。しかしながら、ワット・アルンの幻想的ライトアップを見たいという外国人カップルに人気の席のため、早めに出かけて席を確保する必要があります。グループなら、階段上って正面のローテーブルの席。椅子は低いのですが、前に席がないのでやはりライトアップがよく見えることウケアイの席。

　実は、バンコクリピーターの知人の中に「いつも旅の最後にこの店に来る」という人がいます。
「**ライトアップを見ていると、帰国してからまた頑張れそうな気になってくるから**」というのがその理由だと。確かにそういわれてみる、対岸のライトアップは、何だか不思議なパワーを送ってくれているようにも感じてきたりして……？

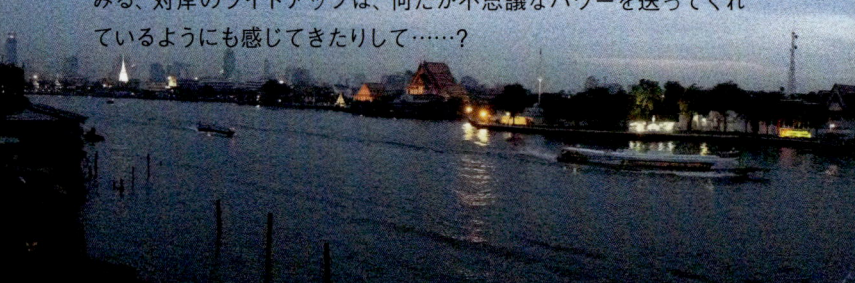

グリルビーフとナスのサラダ
BHT 240

フレンチフライ
BHT 160

ストロベリーダイキリ
BHT 175

日本人が大好きなワット・アルン(暁の寺院)が一望の絶景カフェ&レストラン。3階フロントローの席からの眺めが下のパノラマ写真。まさに遮るものなしの特等席。

The Deck ザ・デッキ | Map p8

所在地 36-38 Soi Pratoo Nok Yoong, Maharat Road, Rattanakosin Island, Bangkok
電話 02-221-9158　営業時間 11:00〜22:00(月〜木曜)、11:00〜23:00(金〜日曜)　無休
http://www.arunresidence.com/

王族も利用する超高級レストランで
天然エビのトムヤムクンを味わう

　毎年のようにタイのNo.1レストランに選出され、スーパーVIPも利用する**バーンカニタ**の出発点となったのが、こちらの店。市内に3軒ある支店の第1号店で、オーナーでタイシルクのデザイナーをしていたカニタさんの自宅だった場所（1993年に自宅を改造してレストランをスタート）。

　日本の皇族や国内外の著名人も頻繁に利用するバーンカニタですが、200バーツ前後で食べられる料理もそれなりの数が用意され、我々庶民派だって十分に利用可能。

　選んだのは**前菜盛り合わせ**（280バーツ）、**フライドライス**（240バーツ）、**トムヤムクン**（260バーツ）。気になったのはトムヤムクン。260バーツというバンコクではあり得ないような金額。屋台の平均的トムヤムクン30バーツといったい何が違うのだろう。料理が運ばれてきてすぐにわかった違いは器。土鍋に入ってきたぞ。さっそく食べてみる……。屋台のトムヤムクンではお目にかかれない**スープの濃厚さ**は、ココナッツを使っているからなんだと。そして具が多い。顕著な差はエビにあった。デカイぞ。それに立派な髭もある。聞けば天然モノを使っているという。「安いところは養殖のエビ、もしくは川エビを使っているからダメだね」、という店のスタッフの解説に納得。

　素晴らしいインテリアとディスプレーの店内で食べる天然エビのトムヤムクン。**屋台のトムヤムクンと価格差約8倍**っていうのもスゴイけど、しかしそれだけの品質ってことなんですよ。次はあなたが食べてその差の判断を！

トムヤムクン
BHT 260

フライドライス
BHT 240

トムヤムクンのスープには2種類あり、日本人に馴染みのあるのが透き通ったスープタイプのもので、どちらかというと酸っぱい味。そしてもう一つがこの店のタイプのように、ココナッツが入ったこってり濃厚スープタイプ。どちらもおいしいです、はい。

Baan Khanitha Thai Cuisine
バーンカニタ・タイ・キュイジーヌ　│　**Map p8**

所在地 36/1 Soi Sukhumvit 23, Sukhumvit Rd., Bangkok
電話 02-258-4181　**営業時間** 11：00～23：00　無休
http://www.baan-khanitha.com/

安い! うまい! ボリューミー!
フカヒレ&ツバメの巣で肌プルツヤ

　大勢の中国人が暮らすタイ。当然ながら中華街が存在。世界遺産となっているバンコク駅からほど近いエリアに広がる、バンコク・チャイナタウンは、日本のチャイナタウンのように門的なものがあるわけでもなく、まわりが中国語の看板だらけとなってきたかもと、そう思ったところが中華街。いつの間にか中華街に突入している、そんな感じ。

　もちろん日本にも中華街はあるし、おいしい中華料理店だってたくさんある。ではなぜバンコクの中華街? "¥1000バンコク"で取材をするからには、当然その目的と理由があります。ここではあちらこちらのお店が**"魚翅"**の看板を掲げ、味と値段を競っています。夜になると、**屋台でさえフカヒレが食べられる**のです。

　そんなフカヒレ激戦区では、当然フカヒレが安いってことなんです。その中から選んだ店が、こちら。というのは、今から約60年前、最初にフカヒレ料理を始めたのがこの店だから。以降今日まで、競争の激しい(そしてすぐに真似される)中華街で、味と人気を保っているというのは凄いことです。

　「よその店はどうだか知らないけどうちでは厳選したフカヒレの仕入れルートがあり、いいものしか使っていないからね」と、自慢するフカヒレは、臭みもなく歯ごたえも良しなんです。

　フカヒレスープ(300バーツ/2名分)を単にスープとしてではなく、朝に出かけてお粥チックに食べるのが贅沢だと思いました。ライスを頼んで、フカヒレスープを惜しげもなくぶっかけて……**最高のフカヒレぶっかけ丼の完成**ですよ。サラサラッとお腹に入って、いよっ、朝から美肌男子!

　フカヒレ丼を堪能したら、デザートにツバメの巣のスープ(300バーツ/2名分)も付けちゃって……いよっ、朝から肌ツヤ女子!

フカヒレ鍋もツバメの巣のスープもどちらも2人前で300バーツ。するってぇと当たり前だけど1人前それぞれ150バーツ＝約450円！たった450円で男も女もステキになれるなんて……安い！ 安すぎる！

CHINA TOWN SCALA SHARK'S FIN

中国城銀都魚翅酒樓　│　Map p8

所在地 463-5 Yaowarat Road, Corner, Chalermburi, Bangkok
電話 02-623-0183　**営業時間** 10：30～翌2：00　無休
http://www.chinatownscala.com/

元王族の邸宅で食べる医食同源的タイ料理

　いやぁ、ここに辿り着くのにどれほど苦労したことか。ソイを入った先のさらに奥の奥。突然現れた、緑に覆われた敷地に立つ邸宅。店内には骨董品やアンティーク家具が置かれて、まるでここは博物館？　しかも高級木材のチーク材がふんだんに使われていて、ひと目でかなり手の込んだ家と見てとれます。いったいどなたの家？　聞けば、なんとその昔は王族が住んでいた家。なるほど、そうでなければ**この風格とゆとりのある空間**はできませんよ。

　ところで宮廷料理とは何？　**タンジン**（p 18）でも聞いていることなのですが、しかしイマイチよくわからない回答だったので、ここで再度聞いてみた。するとタンジンと同じく、「とくにありません」だって!?　さらに突っ込んで聞いてみてわかったことが。それは宮廷料理も庶民派料理も、その味付けと料理の内容に差があるのではなく、料理のデコレーションだったり、出し方が違うということ。なるほど、つまり**様式美**ってことですか？　その様式美という付加価値に、お金を払うということですね。

　宮廷料理に現代風の創作を加えた"タイキュイジーヌ"として君臨するこちらの店から、宮廷料理に近いものとして選んでもらったのが、ハーブを葉で巻いてお味噌を付けて食べるという**前菜**（250バーツ）と、**スパイシー・クリスピー・モーニング・グローリーサラダ**（300バーツ）。さらにメインとして**パイナップル・フライドライス**（350バーツ）。

　で、気がついたことが。メニューの写真の下に「ガンを予防する」とか「老化防止」など効能が書かれているんです。そんな医食同源的タイの宮廷料理も、このお値段でOKなのであります。

パイナップル・フライドライス
BHT 350

スクンビット・ソイ22の奥の奥。相当にわかりにくいのは覚悟してお出かけください。写真付きメニューの下にそれぞれの料理に使われているハーブが解説され、身体のどこにいいのかという、そんなありがたい説明が。

Ruen Mallika ルエン・マリカ | Map p8

所在地 189 Soi Sukhumvit 22, Sukhumvit Road, Klongtoey, Klongtoey, Bangkok
電話 02-663-3211 営業時間 11：00～23：00 無休
http://www.ruenmallika.com/

超ディープ＆激ウマのイサーン料理専門店

　トムヤムクンと**イサーン（タイ東北地方）料理**がおいしいと、そんな評判を聞きつけてやってきたこちら、場所が相当にディープ。ペニンシュラプラザとフォーシーズンの間を入った一等地のドン詰まりのその先。まさかこの路地を入っていくんですか?!　と誰もが躊躇するその先に、時代を数十年巻き戻したかのような一角。その一角の最も奥に位置しているのがこちらのお店。途中で不安になること必至ですけど、めげずに進み、店に辿り着いてください。

　イサーン料理といえば、パパイヤサラダの**ソムタム**、鶏を焼いた**ガイヤー**、ひき肉を炒めた**ラープ**がその代表（トムヤムクンもそうだと思っていたら、どうやら違うらしい。イサーンエリア出身のお店の人によると「トムヤムクンはタイ料理」なんだと）。で、そのどれもがうまい。加えて料金は屋台並みに安く、メニューのボリュームゾーンは**60〜80バーツ**といったところ。しかもメニューのバリエも豊富。どんな屋台も、イサーン料理店もここにはかなわないと思うし、そうでなければこの一等地で地上げにも負けずに50年も店を続けてこられなかったのだろうな。

　決めた！　ここで豪遊しよう！

　ガイヤー80バーツ、**スティッキーライス**10バーツ、**チキンラープ**50バーツ、**イサーンソーセージ**80バーツ、**トムヤムクン**90バーツ、**トムヤムクン・スペシャルミックス**90バーツ、**グリルビーフ**60バーツ、**グリル・テンダーポーク**60バーツ。

　……以上8品でなんと**トータル520バーツ！**　しかも一品ごとのボリュームがあり、3人でも食べきれない量を食べてのこの金額！　1人約170バーツ！　つまり510円かよ！って。

　スゲェーよ、ラープ！

トムヤムクン・スペシャルミックス
BHT 90

ここは行くべき。バンコクの人々が大好きなイサーン料理のメニューがほとんど揃い、しかもすべてローカル料金という、リアルドメスティックな店。トムヤムクンも鍋の真ん中から炭火で温めるドメスティックスタイル。写真奥に座っているのが店のアイドルおじいさん、96歳!!

Laab Lang Suan　ラープ・ラン・スワン　｜　Map p6

所在地 Soi Mahatlek Luang 1, Ratchadamri, Bangkok
電話 02-252-1862　**営業時間** 11：00〜21：00　**休日** 土・日曜

バンコクの超有名店
極うまチキンライスは食べとかないと！

　あまりにも有名、通称ピンクの**カオマンガーイ（＝チキンライス）**。創業以来50年、40バーツのチキンライスひと筋に懸ける店です。ランチ時を迎えると、それ以降夕方まで常に満席状態。席は早い者勝ち。食べ終わりそうな客に狙いを定め、席を立ったらさっと座るしかない。しかしこのタイミングがなかなか難しい。いつも先を越されてしまう。勝手を知っているローカルの人たちと競うのは大変だ。なので比較的空いている**開店直後の11時頃**に行くのが良い。

　しかし、なぜこの店だけがこれほどまでに人気なのだろう？　それほど凝った料理でもないし、蒸した鶏とごはんとピリ辛のタレ、それにスープという、とてもシンプルなひと皿なのに。カオマンガーイに馴染みも思い入れもない日本人には理解し難く、そこで、現地の食通（自称）のお姉さんに「なぜここだけがこんなに流行っているのか？　いったいよそと何が違うのか？」と尋ねてみた。

　すると、「まずは**肉がフワフワ**でとても柔らかいんです。またよそと比べ、スープがとてもよく煮込まれていることもポイントです」とのこと。さらには「ごはんと肉のバランスも絶妙。ごはんが多くても、肉が多すぎてもダメなんです」……。うーん、よくわからないけどそういうことらしく、なるほど食べてみると、そんな気がしてきた。

　シンプルな料理のわりに、意外にもかなりのこだわりを持って選ばれている。それがこちら、ピンクのカオマンガーイなのでした。

　ちなみに肉のお代わりは**大120バーツ、小60バーツ**。

バンコクに住むタイ人なら知らない人はいないスーパー有名店。店の前にはうず高く羽をむしられ、蒸された鶏が積み上げられている構図に一瞬腰が引けるも、食べてみれば思わず唸る、シンプルbut深い味わい。滞在中何度も通ってしまうのはホントです。

Raan Kaithong Pratunam
ラーン・ガイトーン・プラトゥーナム | **Map p6**

所在地 New Petchburi Rd, Makkasan, Ratchathewi, Bangkok
電話 なし 営業時間 11：00〜14：00 17：00〜24：00 不定休

Price 50 Baht
Best value in Bangkok

麺好きローカルにはたまらない
バーミーの名店

　こちら、**バーミー（麺）**のおいしい店として、ローカル麺好きの間で知られたスクンビットの名店。普通はこのようなスタイルの店にはお金持ちの人はやってこないものなんです。ですが、ここは別。ランチや夕方になると、**ベンツや高級外車で乗り付け**、1杯50バーツの麺を食べに来る（しかも運転手付きだったり）、そんなお客も少なくないんです。人気の「全部乗せ」にはシャキシャキの**モヤシ**に**フィッシュボール**と**チャーシュー**と**ハンペン**（のようなもの）がトッピング。おいしさの人気は「スープとよく絡むバーミー」（by店内にいた常連のオヤジ）。よそのとは違い、ちりちり具合と長い麺がスープによく絡むのだといいます。

　ちなみに店の隣に、同じような麺の店があります。これはあまりに儲かったためか、兄弟が袂を分けて（早い話が兄弟喧嘩？）あえて隣に出店したもの。あくまでもオリジナルは角の店。

　ところで麺を食べる際、つい日本で食べるのと同じようにズルズルっとすすって食べるのはバンコクでは（というより海外では）NG。以前『**1週間タイ**』（メディアファクトリー刊）にも書きましたが、バンコクの麺にはバンコクの食べ方があるのです。読まれていないという方にここで再度復習を。

　麺を音を立てて食べるのは、世界でも日本人くらい。やってしまえばタイ人のみならず西洋人からも冷たい目で見られます。音を立てないで食べるには**チリレンゲ**を利用。麺をひと口分すくってチリレンゲに移したら、チリレンゲと箸とを同時に口元へ。そして静かに口の中へと箸で麺を移動させる……これであなたも麺食い上手に!?　これは屋台であっても同じこと。決して音を立てて麺をすすらないと、肝に銘じておきます。

バーミー
BHT 50

味の秘密は長くちりちりした麺。ほかと比べ、量が少ないというわけでもないのに、「おかわり！」と叫んでいる人が少なくないんです。こりゃ相当儲かっていると見ましたよ。

Run Ruang ルン・ルアン | Map p8

所在地 Soi Sukhumvit 26, Sukhumvit Road, Klongtoey, Klongtoey, Bangkok
電話 なし **営業時間** 11：00頃〜22：00頃　不定休

Price 60 Baht
Best value in Bangkok

エアコンが効いた店内で食べられる ほぼ屋台料金の麺ショップ

　シーロムのリーズナブルお洒落系ホテル、**ヘリテージの斜め前**という、何ともわかりやすい場所に、赤いイメージカラーの小洒落た麺ショップを発見。店頭には屋台スタイルのカートが置かれ、お洒落を装いつつも、ローカルスタイルを踏襲しているのが立派。「いきなり路上屋台は無理!」という、そんな人が**屋台"気分"デビュー**するのに最適な一軒だと思います。メニューは屋台の横にパステルカラーのチョークで書かれているのだけど、しかしこれがタイ語のみでチンプンカンプン。そこで、タイにおける正しい麺の頼み方を地元のマーサンより教えてもらうことに。まず、

①スープを決める
　トムヤムのスープや鶏のスープなど、好きな味のスープを選ぶ

②麺のあり、なしを決める
　麺ショップでありながら「麺抜きで!」と、そんな注文ができるのが、タイの普通の麺ショップ。ちなみに「麺抜き」の場合にはスープの具が多くなるんです。「麺あり」の場合には、③へ……。

③麺の種類を決める
　およそどこの麺ショップにもセンミーという細麺、きし麺風のセンヤイ、ラーメンのようなバーミー、それと幅広きし麺のセンレックの4種類が用意されているので、その中から好みの麺をオーダー。ちなみに麺の種類によって金額が変わるということは、ない。

　……以上で麺オーダーは終了。まぁ面倒くさければ、麺とスープを指差してオーダーしても通じると思いますよ。

　オーダーが終われば完成まではあっという間。テラスで食べてもいいし、エアコンの効いた店内で食べてもOK。お洒落系ショップでありながらお値段60バーツとは、何とも良心的です。

センヤイ ガーイ ナーム
BHT 60

まるでカフェのようなメニューボードは、とてもヌードルショップとは思えません。エアコンの効いた室内で食べる屋台感覚の麺は、お値段も屋台並み！

NOODLE BAR ヌードル・バー | **Map p6**

所在地 Baan Silom Soi Silom 19, Silom Road, Bangrak, Bangkok
電話 なし **営業時間** 10：30〜19：30 無休

Bangkok ¥1000 Gourmet Trip

Price 40 Baht-
Best value in Bangkok

本場の屋台デビューの前にフードコートで予行演習する

　いくら屋台がバンコクの人々のパワー・オブ・オリジンだからと聞かされても、"初めてバンコク"の人の中には路上に並ぶ屋台のさまを見て、腰が引けてしまう人がいるというのもわかります。「どこで食器を洗っているんだろう?」とか「暑い中なのに食材の保存状態は大丈夫なのだろうか?」など、そんな不安がよぎるのも無理はないと思います。こちらとしても「**大丈夫だから食っとけ!**」とは言い切れないのが辛いところ。体力が弱っていたりすれば、普段は大丈夫なものでも、食べた途端「**事故**」に遭わないとも限らないし。だけどタイに来たなら、ぜひ屋台メシは食べてほしいし……。ではどうする?

　露店の屋台は不安、でも屋台メシが食べたい。そんなあなたが

エンポリアムのフードコート。ディスプレイがあるのでタイフードが初めての人でもわかりやすい。メニューを指差しオーダーでOK。

こちらはMBKの5階フードコートに入るときに受け取るカード。料理代がチャージされ、出るときに清算します。

行くべき場所は、**一流ショッピングモールのフードコート**。街中の屋台をかなりソフィスティケートさせた様子を見れば、先ほどまで頭によぎっていた不安は消滅。きっと安心して食べられることでしょう。しかしその分値段は高く、値段は街の屋台の1.5倍程度は覚悟してください（とはいえ、数十円程度の違いですけど）。料理のバリエも、街の屋台メニューにあるほとんどの料理が楽しめるし、味も変わらないフードコートは、プレ屋台デビューの場所として、これほど最適な場所はないんです。そんなフードコートですが、数ある中からおすすめしたいのが次の2軒。ハイエンドユーザーの顧客を多く持つデパートとして知られる**エンポリアム**と、

EMPORIUM FOOD COURT / PARK FOOD HALL
エンポリアム・フードコート／パーク フードホール　│ Map p8

所在地 EMPORIUM 5F, 622 Sukhumvit 24 Road, Klongtoey, Bangkok
電話 02-269-1000　**営業時間** 10：00～22：00　無休
http://www.emporiumthailand.com/

比較的庶民派ショッピングモールの**MBK**のフードコート。

　エンポリアム5階のフードコート**PARK FOOD HALL**は、そこそこお洒落なインテリアの広い空間に、およそ30軒の屋台が並んでいます。入り口脇にあるカウンターで、好きな金額分の**クーポン**を購入したら、中へ突入。屋台の前に並ぶ料理の中から好きなものをその場で注文し、金額分のクーポンを渡せばそれでOK。料理を受け取ったら好きなテーブルへ。購入したクーポン券が余ったら？　最初に買った場所で返金してもらえるので安心してください。

世界の味が楽しめるMBK5階のフードコート

　MBKのフードコートは5階と6階にあり、ローカルスタイルの屋台メシなら**庶民派フードコート**の6階へ。こちら値段も味もスタイルも本格的ローカルスタイル。エアコンの効いたフードコートでお手軽値段の屋台メシが食べられると、かなりの人気。ランチタイムには、近所のOLやビジネスマンたちであふれています。最初にクーポンを買うシステムはエンポリアムと同じです。

タイでは珍しいエスニック系メニューだからって、一品300〜400バーツはちょっと高すぎないか!?（MBK5階のメニュー）

一方MBK6階の庶民派フードコートは近所で働くビジネスマンたちで大混雑。やっぱりローカルスタイルがいいのであります。

5階のフードコートは世界中の人が集まってくるバンコクらしく。世界の味が楽しめるお洒落フードコート。**イタリア、アラビア、ギリシャ、ベトナム、モスクワ、日本**……と、およそ世界中の料理が楽しめて楽しいのですが、結構高いのがいただけません。メイン料理が300〜400バーツというのが目につきます。街中で食べた宮廷料理より高いってのはどうなんでしょうか？　ま、中には珍しい料理もあるので、興味があれば行かれてみては？　こちらは最初にカードを受け取り、店でオーダーする際に、カードに金額が記録され、フードコートを出る際にカウンターで清算という、そんなスタイル。

MBK FOOD COURT　MBKフードコート　｜　Map p6

所在地 MBK Building 444 Payathai Road, Pathumwan, Bangkok
電話 02-620-9812（5F）、02-620-9223（6F）　**営業時間** 10：00〜22：00　無休
http://www.bangkok.com/restaurant-dining-experiences/food-courts-mbk.htm

おやつに酒のつまみに、ムシ食いねぇ！

　その国に来たらその国でしか食べられないもの、その国の人が昔から食べてきたものでかつ珍しいものを食べてみる……それも旅の重要なコンテンツ。ではタイでは何を食べるべきか……。いろいろ考えて出した結論、「**そうだ、虫を食べてみよう！**」。

　珍しいとはいっても、虫を売っている虫屋台は、比較的簡単に遭遇できる。加えて古くから手頃なカルシウム補給として、庶民（とくに北部の人々）に親しまれてきたというのがいいじゃない？　そのうえ、聞けば近頃は酒のつまみとしても人気急上昇。そんなスナック感覚の虫、食べてみたいぞ。で、偶然遭遇したのは王宮の裏門付近に出ていた虫屋台。**バッタ、タガメ、蚕、すず虫**……といろいろある中から適当に選んで食べてみた。エビセンのような味で、悪くはないけど、これをポリポリつまみながらお酒を飲んだとしても、「虫を食ってるオレ」という意識が邪魔して、きっと酔えないと思う。

　しかし味付けは悪くない。以前取材したときに聞いたのだが、虫にコショーやシーズニングスパイス、ソースをまぶして炒めたら完成だ。その際に教えてもらった注意点が2つ。1つは「タガメのメスは羽をむしって食べてくれ」とアドバイスされたのだが、なんでだろう？　理由を聞き忘れた。そしてもう1つは「**バッタ（大）は足をむしってから食べないと、のどに引っかかる**」というもの。今後食べる機会に備え、覚えておいてくれ。

　食べ方にとくにルールはなく、**酒のつまみやお菓子代わり**に食べたり、虫をパラパラとごはんにかけて食べるというのもアリと聞いたぞ。衛生面が心配？　その点は大丈夫。定期的に保健所の役人が来てチェックをしているとのことですから。

虫ミックス1袋
BHT 20

屋台で見つけたらお好きな虫を「MIXで!」と。各種それぞれ1袋に詰めて20バーツ。

虫屋台

所在地　お寺の駐車場、ソイ（路地）の人通りの多い場所などに出没

Bangkok ¥1000 Gourmet Trip

トムヤムクン、カレー、パッタイ 3大人気メニューの名店を巡る バンコク・プチトリップ

　ローカルフードはローカルの人の「うまい!」を信じるのが一番、というのは疑いようのないところ。前作『ハワイ￥1000でできること』では、ハワイローカルが大好きなハンバーガーの名店を訪ねたように、本書でも、バンコクローカルが大好きなメニューの人気店を訪ね歩くことに。

　ところで、日本人にとってのおにぎり、アメリカ人にとってのハンバーガー、韓国人にとってのキムチのように、タイ人にとって欠かせない&大好きなメニューとは何なのか？ 実は以前、取材したことがあり、多くの人が「**ソムタム**」と答えたのであります。「海外から帰ってきたタイ人に、最初に食べたいものは？ と尋ねればおそらく『ソムタム!』と答えますよ」と、そうアツく語ってくれた人がいたのも覚えています。そんなタイの国民食ともいえるソムタムを食べるならここに行け、と案内されたのが**トントン**。

　そもそも、ソムタムとは**ソム＝酸っぱい**、**タム＝叩く**という2つの意味からなる料理。野菜や魚介類などを臼に入れ、それを棒で叩けば（というより潰す、という感じ）出来上がりというシンプルなもの。一般的には**グリーンパパイヤサラダ**ともいわれているのだけど、パパイヤの代わりにマンゴーやアップル、バナナを入れることもあるというから驚いた。で、この店ではソムタムはオーダーを受けてから一品ずつタムしてくれるので新鮮（魚介は生け簀に）。とくに「エビやカニが入るソムタムは、鮮度が何より大切」で、「うちでは海のものを使用。安いだけのおいしくないソムタム屋では、川のものを使うのでダメだね……」ということでした。現地のソムタム慣れしている知人も「ソムタムでお腹がやられるのは、た

ソムタム
BHT 82

店の入り口には生け簀の中の魚介や新鮮野菜がドカンと並べられ、なかなか壮観。トントン=木という店名のとおり、広い敷地に木が何本も植えられ、池やステージ、カラオケ部屋とコーナーが分かれる。

Ton Tong トントン | Map p7

所在地 Opposite Lemon Green PumpPhetparam Rd, Bangkapi, Huaykwang, Bangkok
電話 02-719-7899 **営業時間** 18:00〜早朝 無休

いてい川のエビを使ったものを食べたとき」と証言し、「なるべく**海のエビやカニを使ったソムタム**を食べることです」と、そんなアドバイスをいただきました。

　新鮮な食材を使っていることに加え、この店のソムタムがローカルに人気の理由は「昔ながらのタイの味」だからということ。もっとも、そういわれてもソムタムを日常的に食べていない自分にはその味の差はよくわからないんですけど……。しかしながら、トントンでソムタムを食べたからには、今後はこの味を、ベストソムタムの味として、舌に叩き込んでおきます！

　ローカルに人気のメニューとして次に挙げたいのは、**カレー**。日本人にもファンの多いタイカレーは、当然現地の人もよく食べる。およそどこのレストランのメニューにも"curry"はあるし、種類も豊富。ここでご紹介する人気店**サイアムハウス**はパッと見、何の変哲もない瀟洒な洋食店といった感じ。なぜここなのか？　実はこのエリア、ヒンドゥ寺院、キリスト教会、イスラムモスクが揃っ

SIAM HOUSE
サイアムハウス　｜　Map p6

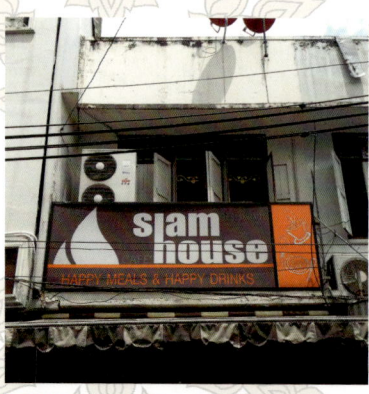

イエローカレー
BHT 70

所在地 90 Silom 20, Bangjak, Bangkok
電話 02-233-7576　**営業時間** 8:00〜22:00
休日 日曜

ている珍しいエリア。そのため多種多様な人種がやってくるため、飲食店や屋台のジャンルも多種多様。とくにインド系の人々のためのカレーショップも多く、なかなかのカレーの激戦区でもあるのです。この店はエアコンの効いた店内で、家庭的なサービスを受けつついただけて、お値段は屋台並みの**60バーツ〜**と激安!(ちなみに向かいの店はこの倍の金額)。もちろん安いだけでは人気が持続しません。さっそくイエロー、グリーン、レッドの3大カレーを実食してみることに。

　最初に登場したのは**イエローカレー**(70バーツ)。子供もいけそうなくらいマイルドなカレーが柔らかい肉に味がしみ込み、ナイスなお味。お次は**グリーンカレー**(60バーツ)。ココナッツが入って、ほんのりいい香り。その分辛さの中にマイルドさもあり、体の中からジワーとくるのがいい感じ。そして最後に**レッドカレー**(60バーツ)。3つの中で最も辛いレッドカレー。どうせなら「ローカルの人が食べるのと同じ辛さで」とオーダーすると、おーきたきた!さっそくひと口……「辛い!!」。だけど、唐辛子や辛みペーストを

グリーンカレー
BHT 60

レッドカレー
BHT 60

¥1000 Restaurants & Bar

多用しただけのような、ありがちな舌や喉で感じる下品な辛さではなく、まずお腹の中からジワァ〜ときて、後から顔から汗がドッカーンとくる、"香辛料で仕込まれた"本物のそして大人の辛さ。いやぁこれはクセになりそう。人気なのもわかります。これらカレーを**ごはんやロティと一緒に食べる**のがいいんです。

　店の少し先に市場があり、食材はその市場から新鮮なものを仕入れているというのも、この店のおいしさをさらに確かなものにしているのだと確信しました。

　ところで、「でもカレーといえばインドだろう?」と、タイにまで来てそんなことをいうあなたのために、プチ情報。バンコクーと噂されるインドカレーは、このエリアに立つヒンドゥ教のマハマリアマン寺院正面のカレーハウスです。ヒンドゥ寺院にやってくる多くのインド人によって磨かれ、鍛えられた結果の、まさに本格的インド味でおいしいんです。

　3品めは**パッタイ(タイ風焼きそば)**でございます。

シーフードパッタイ
BHT 100

カキパッタイ
BHT 100

Hoi-Tod Chaw-Lao
ホイトッド・チャーラオ | Map p8

メニューはわかりやすい写真表示。左側の金額がレギュラー、右が大盛りの金額。ローカルからとくに人気を集めているメニューはカキのパッタイ。

所在地 Tong lo pak soi, Soi Sukhumvit 55, Sukhumvit Rd., Bangkok
電話 08-5128-3996 **営業時間** 9:00～21:00 無休

　これもまたタイの人々にとっては欠かすことのできないメニュー。しかしパッタイは基本的には屋台メシで、「屋台のパッタイの味は、どこも一緒」で、取り立ててここが一番という店はないらしい。そんなパッタイ事情の中、連れていってもらったのが、**トンロー**の**ホイトッド・チャーラオ**。屋台ではなく店内で食べるスタイル。しかし値段が100バーツとちょい高い？　カオサン辺りのパッタイ屋台の4倍ってのはどうしたわけだ!?（それでも約300円なんだけど、ほかの安さに慣れてくると、3桁の金額が高く感じるようになるんです）。

　その理由は食材にありました。屋台のパッタイには見られない、新鮮な魚介類がふんだんに入っているんです。それと屋台のとは違い、麺はほとんどなく、**カキ**や**ムール貝**、**エビ**などを焼き、それをカリカリにした卵焼きでラップするといった、そんな感じのパッタイ。初めて見ました。何だか**お好み焼きの変形のような**パッタイです。しかしこの店のそんなスタイルが受けていて、店は常に満席状態。店頭にはテイクアウトのパッタイを買い求める客で、

¥1000 Restaurants & Bar

行列ができることもある人気店。実際、実食中チェックしていたのですが、鉄板でパッタイを焼くオヤジの手が止まることはなかったのであります。

　……ということでタイローカルに人気の3大メニューの名店を巡るプチトリップはこれでおしまい。最後の締めに和食屋さんに行ってみます。「え？　和食ですか!?」ってそういわないでください。滞在して3日も過ぎれば、正直タイの味だけでは飽きてきませんか？ そこで口直しにというか、気分と胃袋の転換を兼ねて、ローカルに人気の和食居酒屋をここに挟んでみました。というか、現地事情通から、「地元で人気の和食屋に行きませんか？」と誘われて行ってみたというのがホントなんですけど。

　田舎っぺ。ここの人気メニューはカマ。あ、いや釜飯。現在バンコクには登録しているだけでおよそ2000軒もの和食屋があるのですが、「うちだけが釜飯を出している」というこだわりの人気メニュー。お米はタイ米ではなく**チェンマイ産のあきたこまち**を

INAKAPPE
田舎っぺ　│　Map p8

飲んだ後のお茶漬けもありだし、がつんと釜飯もあり。ちょっとつまむならオナベちゃんが握ってくれる寿司もあり。日によって無料でテーブルマジックが見られるという何でもあり（!?）な店。

お茶漬け
BHT 90

所在地 7/14 Sukhumvit Soi 33, Bangkok
電話 02-662-1942　**営業時間** 18：30〜翌3：00　無休
http://blog.livedoor.jp/mori0722/

釜飯
BHT 170

　使用。それを1.3合炊きの土釜で炊き上げたバンコクのオカマ、あ、いや釜飯。1人では量が多いので仲間とシェア。もしくは「半分テイクアウトして翌日おにぎりにするというローカルも少なくないんです」とはお店の人のアドバイス（お店の人といえば、オーナーも大将も日本人。「旅行中困ったことがあれば駆け込み寺的に使ってください」とうれしい言葉もいただききました）。

　カマがあればナベもあるのがここんちの凄いところ。実はカウンターで寿司を握るタイの女性（？）がそうなんです（本人も店のスタッフも書いていいよというので書いてますけど）。本名はブイちゃんですけど、ニックネームの"ダンナ"と呼んであげると喜びます。

　オナベが握ってカマを食う……。**田舎っぺ恐るべし**です。

　え？　トムヤムクンはタイの人の3大メニューに入っていないのかって？　トムヤムクンの名店はp34の**ラープ**へどうぞ。

¥1000 Restaurants & Bar

安さ実感！バンコク名物、
屋台メシで食い倒れ

　やはり何だかんだいっても"¥1000バンコク"を実感できる場所といえば**屋台**。バンコクの名物であり、昔から変わらない街の風物詩ともいえる屋台は、単に食べるという行為としてのみ利用するのではなく、最もお手軽、かつ深くバンコクを感じることのできるアクティビティでもあるんです。

　夕方になるとどこからともなくやってきて、歩道を占領する無数の屋台。単体で頑張る屋台もあれば、数店が集まって、屋台街を形成しているエリアもあります。で、わかりやすいのは、やはり"街"のほう。理由は単純。さまざまな屋台が集まっているので、一度にいろいろな料理が楽しめるから。では無数にある屋台街の、いったいどこに行けばいいのか？ 「バックパッカー以上ハイパーリピーター未満」をターゲットとする本書は、①初めてでも簡単オーダー可能で、もちろんおいしい。②ローカル度数が高く、珍しい料理

がある。しかしそれでいて観光客にも優しい屋台街……そんな2カ所の屋台街を選出してみることに。

　①の条件をクリアしつつ、屋台デビューにも最適として選んだのは、BTSの**トンロー駅前、ソイ38で展開する屋台街**。駅より徒歩1分という場所のわかりやすさに加え、日本語のメニューを置いてある店も多いからというのがその理由。だからといって、観光客相手の屋台街というのではなく、あくまでローカル相手の商売。日本人観光客が来ればそれは「ラッキー」くらいな感覚で商売をしているんです。20軒近くの屋台が展開されるこちらの屋台街の中から食べたのは……、

前菜　チキンの串焼き 揚げパンコンデンスミルクを添えて
スープ　肉厚アワビ6スライス入り麺
メインその1　ポークのあんかけ
メインその2　ポークスープにライスを添えて
デザート　お好みのスイーツ入りクラッシュアイス

揚げパン コンデンスミルク添え BHT 5

ポークのあんかけ BHT 60

アワビ麺
BHT 70

ごはん
BHT 5

ポークスープ
BHT 60

という、前菜からデザートまで全6品のフルコース。

料理の盛り付けの具合はそれぞれの写真を見てもらうとして、気になるフルコースのお値段ですが、**6品の合計がなんと235バーツ**（＝約720円）！　内訳は、チキン串焼き10バーツ、揚げパンコンデンスミルク添えが5バーツ、アワビ麺70バーツ、ポークのあんかけ60バーツ、ポークスープ60バーツ、ごはん5バーツ、デザート25バーツ。

ちなみにここに限らず、独立系も街系も、屋台はいつも同じ場所に出店します。なので一度食べておいしかったのでもう一度行きたい場合には、同じ場所に行けばいるはずです。しかしながら**ウィークエンド・マーケット**や**サイアム**など、巨大エリアでしかも迷路のように入り組んでいる場所に出店している屋台の場合、辿り着くのはかなり困難。そのときには、屋台の看板などに書かれている番号を覚えておくと、次回以降探すのに便利です。

あ、それと「屋台ってなんか不潔じゃな〜い？」と、屋台デビュー

チキン串焼き
BHT 10

を躊躇している人がいます。もちろん無理にはおすすめしません。本章のはじめのほうで紹介しているように、バンコクにはラグジュアリーな空間で食べる¥1000料理がたくさんありますもん。ですけど屋台街はある意味タイの人々の力の源、パワー・オブ・オリジンでもあるんです。決して貧しい人たちだけが利用しているのではありません。それが証拠に、ランチタイムの路上屋台には、オフィス街から出てきたお洒落OLや部長、女子高生ほか、イロイロな立場の人であふれています。

　そうそう、衛生面の不安を少しでも排除するために、**My箸持参**で挑むという、そんな方法もあります。もしくは先のアワビ麺の店のように、**箸がビニールに包まれている店**を選び、火が通っている料理を選択すれば、たいがいのことからはお腹は守れるはずです。そもそも辛いタイ料理は毒消しにもなるし!?

回転フルコース料理状態の途中、お店の人と片言の日本語で交わす会話とリアルローカル料理で心とお腹、さらに財布にも大満足の屋台街を巡る冒険。バンコクに来たら絶対にトライすべき"アクティビティ"だと断言します。

　さて、お次のページは②ローカル度数が高く、珍しい料理があり、それでいて観光客にも優しいルンビニ公園の屋台。

デザート
BHT 25

Sukhumvit Soi 38 Food Market　トンローソイ38屋台村　| Map p8

所在地 Pak soi, Soi Sukhumvit 38, Sukhumvit Road, Klongtoey, Klongtoey, Bangkok
電話 なし　**営業時間** 16：00頃〜24：00頃　無休（月曜に休む店もある）

Price
120 Baht
Best value in Bangkok

タイスキよりむしろチムチム
ローカル屋台村で食べるアツい鍋

　ルンビニ公園は東京でいえば代々木公園、横浜なら山下公園的存在の、誰もが知る公園。そこに夕方になるとドカドカと開店するのが、ローカル度数が高く、珍しい料理があり、それでいて観光客にも優しい屋台街。何百人と座れる巨大なテーブル席を囲むようにいくつもの屋台が並んでいるさまは、屋台街というより、むしろ屋台村？　その巨大さと人の多さと雑踏感あふれる空間に、初めてなら「いったいどうしたらいいのか?!」と、うろたえること必至。

　屋台村に着いたらテーブルを見渡し、「**どこに座ろうかなー**」と見回しているようなモードを醸し出します。そんなあなたの姿を、すぐにお店のお兄さんが見つけてくれて、ササーと席に案内してくれます。着席と同時にメニューを渡してくれるのですが、タイ語のメニューのみを渡されたときには、「**イングリッシュ・メニュー・プリーズ**」と。

　メニューの中に並んでいるのは、タイの人々に人気の東北地方の料理、いわゆる**イサーン料理**がメイン。で、その中から食べるべき料理が、ルンビニ公園屋台村名物、**チムチム（Jim Jum）**。ローカルの人はこれを食べにここに来るといっても過言ではないほどの人気メニュー。チムチムとは、**タイスキともタイしゃぶとも違う土鍋のホットポット**。炭火でジワァとスープを温めたら、野菜を投入。次に卵と合わせた肉類を投入し、しゃぶしゃぶのようにさっと湯がき、肉の色が赤からきつね色に変わったら、それが食べ頃サイン。とっても**アローイ**（タイ語でおいしいの意味）んです！

　え？　もっとローカル仕様の屋台街に行きたい？　いいですけど、値段も変わらないし、特別なメニューが多いというわけでもなく。それこそ衛生面が不安。それにメニューがタイ語のみ。観光客が交通費と時間をかけ、あえて行く意味が見いだせなくないですか？

チムチム
BHT 120

ここではタイスキでもタイしゃぶでもなく、誰もがチムチム。考えてみたら、炭火で焼いたものを食べることはあっても、炭火で温めた鍋を食べるということはないかも？ ジワァと茹でられるせいか、なんかいい出汁が出ているような、そんな気がしましたよ。

Food Village at Lumpini Park　ルンピニ公園屋台村　| Map p7

所在地 Lumpini Park, Bangkok
電話 なし　**営業時間** 16：00頃〜22：00頃　無休

¥1000 Restaurants & Bar

Bangkok Bar Hoppin'!

チャオプラヤ川、リバーフロント、ハイエンドホテルのバーホッピング

　ペニンシュラ、マンダリン・オリエンタル、シャングリ・ラ……。タイの母なる川とも呼ばれる**チャオプラヤ川**沿いには、世界のハイエンドホテルが並んで立っています。これほどの狭いエリアにこれだけの顔ぶれが揃っているのは世界でも珍しいことです。これを機会に世界の一流ホテルを見学に行こう！　そんなプチトリッププランはどうです？　しかしただ見に行くだけではつまらない。そこで何か目的をと考えた結果、リバーフロントのバーで一杯やっつける、とそんな目的を立ててみました。題して"**チャオプラヤ・リバーサイドホテル・ホッピング**"。サービスと金額とビューをチェックです。

　ということで上流から下るコースを選択し、まずは**ロイヤルオーキッド・シェラトンホテル&タワーズ**から。吹き抜けのロビーを抜け階段を下り、真っすぐに川方向へと進めば、そこには開放感たっぷりの**バー&グリルサンバル**。テラスにはラウンジ風のソファが並び、かなりまったり過ごせるのがナイス。**ビール**（150バーツ）、**カクテル各種**（280バーツ）という金額は日本のシェラトンではあり得ない金額。しかも毎日17時から20時までの間なら、**好きなカクテル30% OFF!**　乾きもの3点セットのおつまみが無料サービスというのもナイスです。ホテルホッピングのスタートの景気付けにとセックス・オン・ザ・ビーチを一杯やっつけておきました。

　次に向かうのは対岸の**ミレニアム・ヒルトン・バンコク・ホテル**。川を渡るには、ヒルトンの無料"ホテルの渡し"。これはホテルがサービスとして行っていて、矢切の渡し状態でチャオプラヤ川を行ったり来たり横断してくれる小型船。乗り場は各ホテルに近いのですぐに見つかります。

1 ROYAL ORCHID SHERATON HOTEL&TOWERS BANGKOK

ロイヤルオーキッド・シェラトン
ホテル&タワーズ

Map p6

所在地 2 Charoen Krung Road Soi 30
Siphya, Bangrak, Bangkok
電話 02-266-0123
営業時間 16:00～翌1:00（サンバル） 無休
http://www.starwoodhotels.com/sheraton/

カクテル各種
BHT 280

カンパリソーダ
BHT 250

2 Millennium Hilton Bangkok Hotel

ミレニアム・ヒルトン・
バンコク・ホテル

Map p6

所在地 123 Charoennakorn Road,
Klongsan Bangkok
電話 02-422-2000
営業時間 6:00～22:30（フローラウンジ）
無休
http://www.hilton.co.jp

3 THE PENINSULA BANGKOK

ザ・ペニンシュラ・バンコク

Map p6

所在地 333 Charoennakorn Road,
Klongsan Bangkok
電話 02-861-2888
営業時間 15:00～24:00（ザ・リバーバー）
無休
http://www.peninsula.com/Bangkok/jp/
default.aspx

モヒート
BHT 260

¥1000 Restaurants & Bar

"ホテルの渡し"に乗って約5分でヒルトン到着。船着場のすぐ横がバー、**フローラウンジ**。こちらもラウンジという名前だけあり、ソファ席がドカンと並んでまったり可能。インフィニティプールならぬインフィニティ池越しに見るチャオプラヤ川と、対岸のシェラトンビューのバーは、おつまみセットサービスなし。残念。**ジンベースのカクテル**（210バーツ）、**カンパリソーダ**（250バーツ）、**ペリエ**（120バーツ）と、こちらもまた日本のヒルトンの半額以下ですな。

お次は川を渡らずに横にスライドして、**ザ・ペニンシュラ・バンコク**へ。歩いても行ける距離だけど、あのペニンシュラへ徒歩でというのは何だかいただけない。ここはひとつ、タクシーを拾って颯爽と車で乗り付けたい。押し出しの効いたロビーを抜け、突き当たりの階段を下りたらよく手入れされた芝生が広がり、その先のリバーフロント左側がバー。右側はレストランだから、食事をしなくてはならなくなるので気をつけるように。川の真横といってもいい距離に座れるバーの椅子はラウンジソファではなく普通の椅子。世界のペニンシュラで、しかもリバーフロント最前列で**モヒートが260バーツで飲めるんです！** 豆類3点盛りのおつまみも無料で登場、ありがたくいただいたら、バーの右側から出ている"ホテルの渡し"に乗ってマンダリン・オリエンタルへと向かいます。

やってきました、**マンダリン・オリエンタル・バンコク**。

歴史と伝統が醸し出すロビーの押し出し感はさすがです。ここのホテル、ロビーに入るのにもドレスコードを守っていないと入れてもらえません。**襟付きシャツと長いパンツと靴でないとダメ**、というのがちょと窮屈？ おっとそんな悪口をいっていたら、にわかに天気が崩れ出し雷雨！ するとスタッフがわっと出てきて、我々客を屋根のある席まで誘導するとともに、雨で濡れないように椅子やテーブルを手際よく片付けるさまを見るにつけ、さすがマンダリン・オリエンタル、よく訓練されてるなぁとそんなところに感心。おすすめといわれて頼んだ**タイムーン**という名のカクテル（300バーツ）。おつまみはドライ空豆1点盛りがサービスで出てきた。

最後にやってきたのは**シャングリ・ラ ホテル バンコク**。昨日は

雷雨のため、翌日朝に仕切り直しで到着。マンダリンから直接来る場合には、ホテルの渡しは不要。タクシーでクルマ寄せに乗り付けます。巨大ホテルにふさわしい広々としたロビーを抜け、階段を下りプールを横目に川へ方向と進めば、広がるバー空間。**ベストシートは川に向かって左側のソファ席。**そこで飲むのは本日朝のために**カフェ・ラ・テ**（160バーツ）。ちなみにビールは250バーツ……随分高いんだぁ。

タイムーン
BHT 300

4 MANDARIN ORIENTAL BANGKOK

マンダリン・オリエンタル・バンコク

Map p7

所在地 48 Oriental Avenue,Bangkok
電話 02-659-9000
営業時間 6：00〜翌0：30（ザ・ベランダ）無休
http://www.mandarinoriental.co.jp/bangkok/

5 Shangri-la Hotel Bangkok

シャングリ・ラ ホテル バンコク

Map p6

所在地 89 Soi Wat Suan Plu, New Road, Bangrak, Bangkok, 10500
電話 02-236-7777
営業時間 6：30〜24：00（ネクスト2） 無休
http://www.shangri-la.com/Bangkok/

カフェ・ラ・テ
BHT 160

¥1000 Restaurants & Bar

Price
130 Baht-
Best value in Bangkok

ホテルのバーのハッピーアワーで
お買い物の休息を

　日本人観光客の多くが買い物にやってくる伊勢丹、ZEN界隈。しかしその先に、もの凄くディープかつローカルな買い物ゾーンがあることを知っている人は少ない。その場所は**プラトゥナム市場**。古くから服飾や生地の問屋街として栄え、アフリカやヨーロッパ、そして日本からもプロのバイヤーたちが買い付けに来る場所。狭い路地にたくさんの店がひしめき、そこを世界中からやってくる買い物客たちが歩き回って大混雑。まるで一年中お祭り状態の市場で、アジアの混沌が色濃く残っているのであります。

　しかしそんな混沌の中、プロでない観光客が買い物をするにはかなりハード。そこで**プラティナム・ファッションモール**が登場。12階建てのビルに数千店もの衣料系ショップが入ったビルは、お土産ハンティングに最適。大量に買うと問屋価格で売ってくれたりもします。ここは安さと品揃えの幅広さでローカル女子にも大人気。夕方になると歩くのにも大変で、ビルの中とはいえ、クタクタですわ。

　休憩するにもフードコートには人が多すぎて席もないし、うるさいし。で、そんなときにはどこへ行くか？　**ホテルですよ、ホテル**。人であふれるハワイでもワイキキビーチから一歩ホテルの敷地に入った途端に空気が変わるように、それはバンコクも同じ。喧噪の市場からホテルへとエスケープするのが賢いのです。で、発見したのがプラトゥナムエリアに立つホテル、**ノボテルのプールバー**。しかも**16時～18時はハッピーアワー**でドリンク半額！　ルーフトップ・バーほど気取っていないし、ドレスコードもないし、カジュアルで夜景を楽しめるプールバー。しかもそのうえ、あまり知られていないので、まさに穴場。おすすめです。

テキーラサンライズ
BHT 260（通常料金）

伊勢丹、ZENビューのバー。高層階ではないけれど、前方に建築物がないので開けてます。それほど広いスペースではないのですが、宿泊者のほかには知られていないせいか、穴場です。

Novotel Bangkok Platinum
ノボテル バンコク プラティナム　│　**Map p6**

所在地 220 Petchaburi Road Ratchatevee, Bangkok
電話 02-160-7100　**営業時間** 08：00〜20：00（プールバー）　無休
http://www.accorhotels.co.jp

¥1000 Restaurants & Bar

中庭を囲むお洒落コンプレックスで食べるスイーツ

　p76の**J-CAFÉ**と同じ、エカマイ12、通称カフェストリートにある中華とレストランカフェと本屋とが中庭を囲むように並ぶ、ちょっとしたコンプレックス施設が、**バニラ・ガーデン**。敷地に入ればすぐに感じるのは、日本の代官山辺りを意識しているような、そんな作りだということ。

　バンコクをかつてのバンコク（つまりバックパッカーの集まるアジアの混沌エリア）としか思っていない人なら、**トンローからエカマイエリア**にかけて歩くことをすすめます。お洒落カフェやクラブ、ラウンジなどが次々とオープンし、店の駐車場にはフェラーリやポルシェが並んでいたりするんです。約700万人都市バンコクは、かつてのステレオタイプのバンコクではないということを認識させられるのがこのエリア。で、そんなバンコクで最もお洒落でアツいのが、エカマイエリアというわけなんです。

　さて、肝心のバニラ・ガーデン。お目当ては奥の**バニラ・カフェ**のスイーツ。メニューには日本語も書かれ、店内のインテリアや置かれている日本人デザイナーの置物やオブジェからも、相当に日本を意識した作りなことは一目瞭然。なのでお値段もお高めで紅**茶やコーヒーが90バーツ≒270円**とほぼ日本並み。しかしながらバンコクのお洒落エリアの贅沢な空間でなごめる所というのは、喧噪のバンコクの中にあっては貴重な場所。排気ガスと埃っぽい街中からエスケープしたくなったときに利用価値ありなんです。

　レストランの食事の味ですが、地元在住日本人の多くが「スイーツはおいしいけど食事はねぇ……」というのが多くの意見。参考までに。

こちらのありがたい門の奥が広い庭のようになっていて、本屋、レストラン、カフェと建物が点在。スイーツが食べられるカフェは一番奥の建物。メニューも日本語で書かれていたりするのですが、店員が日本語を話せるとは限りませんよ。

Vanilla Garden　バニラ・ガーデン　|　Map p8

所在地 53 Ekkamai Soi12 Sukhumvit Soi63, Klongtannua Wattana, Bangkok
電話 02-381-6120　**営業時間** 11：00〜23：00　無休

Price
160 Baht
Best value in Bangkok

セピア色の景色の中で食べる
プルプルジューシーなマンゴースイーツ

　大通りから**ソイ**と呼ばれる脇道に入れば、クランクあり急カーブありの迷宮が待ち構えているバンコク。BTSの適当な駅で降りてソイを散策してみるのも楽しいものです。迷宮ソイを歩いている途中、時として出くわすのが古い一軒家。経済発展が急な新しいバンコクの中で、古いバンコクの風景に出合ったりすると何だかほっとします。ほっとするのはバンコクの人も同じなのか、この手の古い豪邸をリノベーションして、かなりいい雰囲気の店に仕上げているという、そんな名建築店が少なくないんです。ここもそんな一軒。シーロムエリアのソイ14番に佇む、**築約100年の家を利用した店**。

　そもそもは伝統的タイ料理の店なのですが、スイーツも評判の店。散策途中の休憩ということもあり、**おすすめマンゴー**をオーダー。登場したのは、糖度が高くて熟れ熟れでプルプルのマンゴー、人気種の**ナムドクマイ**（おそらく）。セピア色のいいムードの空間で食べる食感抜群の**マンゴー160バーツ、最高！** しかしながらこの雰囲気＆サービスにもかかわらず、利用料金160バーツ＝約500円では申し訳ない。そこで伝統的タイ料理の中からソムタム（グリーンパパイヤのサラダ）をオーダー。街中の標準価格である30バーツの約5倍、130バーツという金額に、同行した現地知人も驚愕するものの、しかしこの雰囲気なら納得。

　ソムタムの味は、「マイルドかな」と現地知人。店の人によれば「比較的外国人客の多いエリアでもあり、優しい味付けにしています」……とはいうものの、しかしそれはタイの人にとってのこと。結構キマす。辛いです。

　ちなみに、マンゴーは乾期（10月〜2月）がおいしいとされているのですが、雨期（5月中旬〜10月）でも、もちろんうまい！

マンゴー
BHT 160

ソムタム
BHT 130

タイに来たらマンゴーは食べとかないと。そうそう、バンコクの店で飲むものに迷ったら、「ウォーターメロン（スイカ）ジュースを飲んでおけば間違いない」というのを聞いたことがあります。理由は「マンゴーなどと違って、スイカはどこの店でもほぼ同じ味でばらつきがない」からだそうです。

Ban Chiang バン・チャン | Map p6

所在地 14 Soi Sri-vieng, Surasak Road, Silom Bangkok
電話 02-236-7045 **営業時間** 11：30～14：00 17：30～22：30 無休
http://www.banchiangthairestaurant.com/

**Price
100 Baht
Best value in Bangkok**

築150年の旧家で休憩し
フレッシュ・ココナッツジュースを

　こちらもまた古い民家を改造した、かなりいい雰囲気の店でございます。築150年の歴史と重みのインテリアの中へと、暑いバンコクからエスケープ。休息のカフェとして利用するのにはなかなかいい感じだと思います。同じエリアにある女子の買い物のお約束の店、**ナラヤ**にもほど近く、買い物途中の休息処として押さえておきたい一軒。

　オーダーした**ココナッツジュースの100バーツ**が高いか安いかはともかく（バンコクではもちろん安くはないと思うけど）、大都会となったバンコクのビジネス街、シーロムの大通りから一本ソイを入った場所に、地上げにも風にも負けズに頑張る。こんなナイスな雰囲気を保った店が残されているのもまた、バンコクの魅力。

　ところで、こちらは本来イサーン料理の店として、現地ではそれなりに知られた店。とはいえ、夜に入ったことがないので、味は不明。周辺のエリアの特徴と店の雰囲気からして、外国人客が多いと想像。となると、味も外国人向けでマイルドか？　うーむ、それではイサーン料理本来の辛さが体験できないかも？　やはりドメスティックな料理はドメスティックな場所で食べてみたい。

　とはいえ、この雰囲気。**カップル・イサーンディナー**や急な接待が入ったときなど、利用価値大な一軒だと思います。

ココナッツジュース
BHT 100

ラオス料理がウリの店ですが、料理ではなくジュースを1杯。ここに限らずですが、タイではこの手の高級料理店でも、昼の営業をしてくれる店が多いのがうれしいんです。日本のその手の店って大抵「営業は19時〜」となっていて、昼にお手頃価格で利用することできません。

Café de Laos　カフェ・ド・ラオス　｜　Map p6

所在地 16, Soi Silom 19, Silom Road, Bangrak, Bangkok
電話 02-635-2338　営業時間 11：00〜14：00　17：00〜22：00　無休
http://www.cafedelaos.com/

Price 70 Baht
Best value in Bangkok

タイの日本ファンに人気
和空間カフェでハッピーアワー

　クールジャパンの成果かどうかは不明だけど、バンコクでも日本文化が浸透しつつあり、あちらこちらで**コスプレ大会**的なことも行われているんです。加えて、そもそもタイの人々には親日家の皆さんも多く、それが証拠に、東日本大震災の直後に、真っ先に大型援助を申し出てくれたのはタイでした。

　そんなタイに何か恩返しをできないものかと、福島出身の社長が経営する日本の某IT企業が運営しているのが、こちらのカフェ。しかしお洒落ストリートとして注目されつつある、エカマイのカフェストリートのこの場所でいったいなぜ？

　「タイの若者は向上心が強く勉学熱心。しかしさまざまな事情で勉強できる環境にない人も。中には屋台の灯りで勉強している人もいるんです。そこで、気軽に勉強できるスペースを提供しようと開いたのがここなんです」。なるほど、**ケーキ＋ドリンク＋スペース利用料＝70バーツ**と屋台並みの料金なのは、そういう理由からだったんですね。勉強しやすいようにと勉強机のようなテーブルが並び、日本のテレビ番組が流れるという店内。プチ日本庭園のような瀟洒な庭＆天井からは番傘がつり下げられるという、ある種シュールなこちらの店には、「生の日本語を話したい」日本が好きなタイの若者や日本留学を志す若者が集まってきます。

　さて、昼はそんな志を持ったJ-CAFÉですが、夕方になると**OOPARTS**と名前を変えJAZZが流れるお洒落スペースへと変身。お客は日本好きなローカルのお洒落さんや欧米人のお客が多くなります。昼も夜も日本びいきのお客が集まるカフェなら、片言の日本語でお互い通じ合ったりして。次回のバンコク旅では、こちらでタイのお友達を見つけてみますか？

ケーキセット（写真はドリンクのみ）
BHT 70

昼はタイの学生に安くスペースを提供、夜はタイの遊び人にそれなりの値段でスペースを解放。そんな２つの顔を持つ店のオーナーは日本人。「震災時、タイの人から日本にしてもらったことへの恩返し」のために作ったというのが立派じゃないですか。

J-CAFÉ ジェイ・カフェ | Map p8

所在地 15/1 Soi Suanchareonjai, Sukhumvit soi 63, Khlongtan-nua, Wattana, Bangkok
電話 08-5992-2457 **営業時間** 11：00〜24：00 無休
http://www.j-cafe.asia/

¥1000 Restaurants & Bar

Price
189 Baht
Best value in Bangkok

アツいバンコクからエスケープ
人気の和スイーツ

　BTSエカマイ駅直結場所に2012年に完成したモール、**ゲートウェイ・エカマイ**。日本をかなり意識したビルだと聞いて見学に。1階の飲食店には牛丼やラーメン、スシ、和スイーツ……。入居しているテナントのほとんどが、日本からの出店。**巨大招き猫**やこけし、だるまのオブジェなどが配されているデザインに「大丈夫?」とちょっと今後の行く末を心配しつつも、しかしそんな中、バンコク女子から人気を集めまくる店があったんです。それが**京ロール園**。あんみつやかき氷など、和のスイーツに挑むお店です。とくに人気なのが**ロールケーキセット**（189バーツ）。1食50バーツが相場というこちらにしては、かなり高めの料金にもかかわらず、「バンコクで日本のスイーツを食べるならここ」と、人気なんです。タイに滞在中、和の甘さが恋しくなったら出かけてみてください。実際、甘さも柔らかさも味も、日本で食べるロールケーキや小豆アイスと変わらないと思います。

　ところで、これまで「エカマイやトンローはお洒落エリアとして人気」と、そう説明してきました。しかし、そもそもなぜトンローがお洒落エリアに変身したのか？　それは、タイの和食チェーン、**オイシ**の出店がきっかけとなり若い人が集まり出し、飲食店やクラブ、カフェが次々に登場。お洒落ゾーンを形成していったと、そう噂されています。日本食がきっかけとなってお洒落タウンに発展したと聞くと何だかうれしくなってきますけど、しかしゲートウェイ・エカマイ、こんなに日本全面フィーチャーで大丈夫ですか？って大きなお世話ですか？　はい、すいません！

ロールケーキ・セット
BHT 189

ビル入り口にドカンと鎮座する招き猫。写真ではわかりにくいかもですが、高さは人間以上もある巨大猫。ところでこちらのビル、バンコクで最初にシャワー付きトイレを採用した商業ビル。そんなところも日本っぽいですね。

Kyo Roll En 京ロール園 | Map p8

所在地 M Fl., Gateway Ekamai, Bangkok
電話 02-108-2660 **営業時間** 10：00～22：00 無休
http://www.kyorollen.com

Price
130 Baht
Best value in Bangkok

ハイレベルな空間で食べる上質スイーツ

　バンコクのお洒落エリア、トンロー。そのトンローの高級住宅地エリアで異彩を放っているお洒落な店が、**フェイス・バー**。オープンしてすでに10年近くが経とうとしているのに、いまだ高い人気を誇る店。こちらもほかのお洒落系店舗と同様、一軒家スタイル。それもかなりの大豪邸。広い敷地にはタイ・レストラン、インド・レストラン、ジャパニーズ・スシバー＆レストラン、それにスパとそれぞれ用途別に建物が分かれているという、かなり珍しい形態。中に入れば「いったい**いくら使わされるんだろうか!?**」とビビること必至の押し出しが恐怖!?

　それにしてもこの大豪邸、いったいどんな人物が住んでいたのか気になるところ。すると「実は更地だったこの場所に古い木材を運び、昔のタイの田舎の民家を再生したんです」という、かなりのこだわりを持って作られた店。

　ナイスなインテリアの店内はカウンター席、個室、セミ個室、パーティルームとそれぞれ用意されていて、誰と行くのか？　飲みか食事か？　と、用途別に使い分けることができるのもいいんです。さすがにこれだけのこだわりを持った店では、食事を￥1000以内で収めるのは無理。なのですが、こちらはティータイムも営業していて、カクテルやスイーツだけでも利用可能。

　今回オーダーしたのは、こちらのオリジナルカクテルの**上海ブルース**（298バーツ）と、**バニラビーン・キャラメルブリュレ**（340バーツ）。かなり上品なお味のスイーツでございます。その他、**スムージー**は130バーツ、**フルーツジュース**なら150バーツというお手頃価格で、こちらの素敵な空間でなごむことができます。小腹が空いていたらソムタムもあり。ちなみにソムタムの料金260バーツは、今回取材した中で最も高額。しかしそれでも￥1000以下ですけどね。

バニラビーン・キャラメルブリュレ
BHT 340

建物とインテリアを見るだけでも、行ってみる価値ありです。アジアンテイストなのに、しかし何だか無国籍な感じが落ち着く店内。タイのほか、インドネシアなどでも展開するフェイス・バー。

FACE BAR　フェイス・バー　| **Map p8**

所在地 29, Soi 38, Sukhumvit Rd., Prakanong, Klongtoey, Bangkok
電話 02-713-6048　営業時間 11：30〜翌1：00　無休
http://www.facebars.com/en/bangkok/restaurant/bar/

Good Value!!

￥1000バンコク㊙コラム

タイ料理は、自分好みの味に仕上げる

　タイでは店でも屋台でも基本的に味の調節をしてもらうことが可能。たとえば、カレーやトムヤムクンなら辛くしてほしければオーダーの際に遠慮せずに「ベリーホット」とか「スパイシー」と注文。逆に辛いのが苦手なら「マイルド」とオーダーすればOK。さらに慣れてきたら「辛めに。酸っぱさも加えて」なんて感じでオーダーしてみる。

　また屋台などではテーブルの上に調味料4点セットのようなものが置かれています。それぞれ唐辛子、砂糖、酢、ピーナッツ＆ガーリックの粉末が入っているので、自分好みの味に仕上げてください。タイ料理の味は「甘い」「辛い」「酸っぱい」の3つしかないといわれています。「しょっぱい」味にしたいなら、自分でナンプラーで調整するしかありません。

　ちなみに、「辛い」＝「ペッ」、「普通」＝「タマダー」、「辛くしないで」＝「マイペー」、「オイシイ」＝「アローイ」、「おいしかった」＝「アローイジャン」といいます。

　料理には関係ありませんが。ついでに、「くすぐったい」＝「チャカチィー」も覚えておくと良いでしょう。

Part2

¥1000 Activity

タイ伝統舞踊を神様に捧げてみる

　プルンチット通りとラーチャダムリ通りの交差点、そんな都会の真ん中に常に多くの参拝者を集めるエラワンの祠があります。

　今から約60年前、当時のエラワンホテルの建築工事中、あまりに多くの事故が続いたため、「**祟りがあるに違いない**」と、ヒンドゥ教の神様であるプラフマーの祠を設置。するとすぐにその効果が現れたのか、その後事故がなくなり工事は無事終了。「**こりゃご利益があるに違いない**」と、そんな噂が噂を呼び、連日お参りに来る人が絶えなくなったそうです。

　加えてここでお祈りをした人の中に、宝くじで大金を当てたという人も現れてますます人気が高まったと同時に、参拝する人たちの真剣度にも拍車がかかっていったのでした。

　祈りの真剣さを表したり、祈りを叶えてもらったお礼にとプラフマーに伝統舞踊を捧げる人も少なくなく、ここではお金を払えば、誰にでもその場でタイ舞踊を踊ってくれて、祈りに勢いをつけてくれたり、神様に感謝の気持ちを伝えてくれるんです。踊りの金額は舞踊ダンサーの人数によって決まるみたいで、ダンサー2人をお願いして260バーツ。わずか数分で踊りは終わってしまいますけど、願いを叶えたいならこの際派手にいっときませんか？

　ちなみに**フルメンバーだと登場するダンサーの数は約10名**。いったいいくらかかるんだろう？　日本もタイもある意味"金次第"なのは変わらないようです。

フルメンバーが揃えばこんな感じでかなり豪華。しかしエアコンもない屋外でこのフル装備で彼女たちは汗だく。見ていて気の毒になってきますが、仕事です。

Tao Maha Brahma　タオ・マハ・ブラーマ（エラワンの祠）　| Map p6

所在地 494 Phloen Chit Rd, Lumphini, Pathumwan, Bangkok

¥1000 Activity

Time Trip in Bangkok

Price 1人あたり
200 Baht-
Best value in Bangkok

水の都バンコクと呼ばれた時代へロングテール・ボートに乗ってタイムスリップ

　開発が進むバンコク中心部を外せば、そこにはまだ昔の光景が残されています。かつて「水の都バンコク」と呼ばれた当時の様子を見に行くなら、**ロングテール・ボート**に乗っていくのがいいんです。選んだのは1時間コース。右に左にくねる水路はまるで道路。"道路"に面して家も立っているし、電信柱だって立っているその姿を見て「洪水の後?」などととぼけたことをいっていてはいけない。これが昔から変わらないバンコクの一面なんです。

　途中、休憩場所として立ち寄ったのが**タリンチャン水上マーケット**。バンコクでは見かけなくなったというタイの昔のお菓子などが売られています。屋台のおばちゃんから「とくにこれを」とすすめられた餅米のおにぎりをほお張ってみたら、なんと中から出てきた具がバナナではありませんか! 餅米とマンゴーという組み合わせのスイーツもあるくらいだから、餅米とバナナという組み合わせがあっても不思議ではないか?

　市場を後にしたら、さらに奥深く水路を進み、やがて別の水門から、再びチャオプラヤ川へ戻り、タイムスリップの旅は終了。高層ビルが林立する現代のバンコクへと戻ります。

　とても楽しく趣き深いこのツアー、実は¥1000では無理なんです。

乗り場はBTSサパーンタクシン駅で降りたら目の前の川の脇。この日のオヤジはちょっと堀内孝雄似？

¥1000 Activity

交渉で値切ったとしても、それでも1人500バーツはかかってしまいます。そこで、貸し切りチャーターという方法を検討。チャーターなら「5人まで1300バーツでいいよ」とか「6人で1500でどうだ?」となって、すると**1人当たり200バーツ前後で可能**になります。ぜひお友達を作ってタイムスリップの旅に出かけてみてください。

Long Tale Boat ロングテール・ボート | Map p6

所在地 BTSシーロム線「サパーンタクシン駅」下車徒歩5分、チャオプラヤエクスプレスボートサトーン埠頭より乗船
電話 なし **営業時間** 8:00頃〜15:00頃(不定) 不定休 ※悪天候のために休止の場合もあり

Taling Chan Floating Market
タリンチャン水上マーケット | Map p7

所在地 324 Chakphra Rd. Talingchan, Bangkok
電話 02-424-5448 **営業時間** 8:00頃〜17:00頃(不定)
休日 土・日曜日のみ営業(現地事情により異なる場合あり)

水上マーケットの屋台で餅米のお菓子をパクリ。すると中からバナナが出てきてビックリ。

怪しい色のこれらはお菓子なんだと。水上マーケットは毎日開催されているわけではないので、乗る際に要確認です。

Bangkok Bar Hoppin'!

世界で最も宇宙に近い
天空バーホッピング

　バンコクの夜のアクティビティとして絶対に行くべきなのが、天空バーホッピング。バンコクには世界で最も高い位置にあるオープントップバーをはじめ、バンコクの夜景を一望できる、素晴らしい高層階バーが点在。屋台巡りもそれはそれで楽しいのですが、空を見上げれば、そこに上質かつお洒落なバンコクの夜が存在するんです。
　ではまず高所への慣れも兼ねて、屋内の天空バーから行っときますか。場所は**バイヨークスカイホテル83階**、バンコク一の高さにあるバー、**ザ・ルーフトップ・バー**。屋内とはいえ、かなり恐怖を感じる高さの天空バーでございます。しばしライブ演奏など聴きながら高さに体を慣らしたら、同じビルの81階**バンコクバルコニー**へ。こちら屋根なしのオープントップスタイルのレストラン。要予約なので、次回の下見を兼ねて立ち寄っときます。ただし、こちらは建物の一角に設けられた狭いスペースなのが欠点。夜景も座った位置からしか見えず、いわゆる大パノラマは期待できません。そこで、次なるバンコク天空バーへと移動します。

1. THE ROOF TOP BAR
ザ・ルーフトップ・バー
Map p6

所在地 222 Rajprarop Rd, Rajthevee, Bangkok
電話 02-656-3000
営業時間 18：00〜翌1：00　無休
http://baiyokesky.baiyokehotel.com/dining-restaurant-bangkok.html

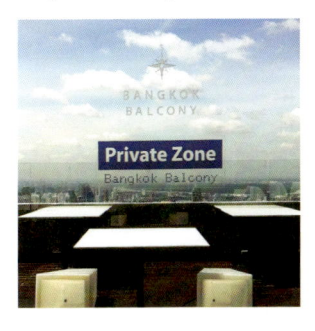

カクテル BHT 150-

ビル自体はバンコクーの高層ビルなんですが、バーは室内、及び一部が屋外という作りで、完全なるオープントップではない。

2. SIROCCO　シロッコ　**Map p6**

所在地 State Tower 1055, Silom Road, Bangrak, Bangkok
電話 02-624-9555
営業時間 18：00〜翌1：00　無休
http://www.lebua.com/sirocco

ジントニック BHT 410

バー利用の場合、カウンターの裏が最も迫力あり。高い柵などないので酔っぱらって落ちないように。

¥1000 Activity

一気に高さ約240メートル、世界最高層のオープントップバー＆レストラン**シロッコ**へ（先のバイヨークのほうが高いのですが、完全なるオープントップバーではない）。場所は**ホテル・レブアの64階**。先のバイヨークと異なり、正真正銘のオープンエア。64階でエレベーターを降り、レストランを抜けると、バーと夜景がいきなりドッカーンですよ！ 旅の途中に喧嘩して不仲になった仲間同士でも、会話の途切れがちなカップルでも、とりあえずここに来ればOK、何とかなると、そう断言しておきます。ちなみにレストランは要予約ですけど、バーは予約不要。バーはカウンターの周りでスタンディング（＝立ち飲み）スタイル。そのカウンターには360ものLEDが使われ、バーの闇を怪しくも美しく幻想的に照らします。

　ちなみにこちらは**ドレスコードあり**。長いパンツに襟付きシャツ、かかとのある靴でどーぞ。そういえば以前取材した際、ドレスコードのただし書きに「ショッピングバッグをたくさんぶら下げている場合、お断り」というのもあったのを思い出しました。買い物帰りには行かないほうが無難ですな。

　買い物帰りに気楽に登りたいならこちら、**レッドスカイ**。日本人に

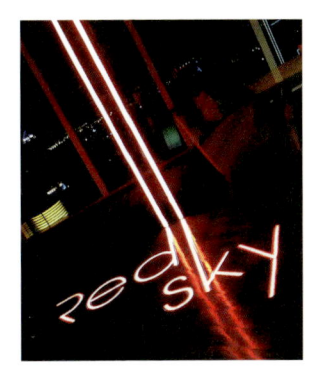

3 Red Sky
レッドスカイ
Map p6

所在地 999/99 Rama 1 Road, 55th Floor, Centara Grand at CentralWorld, Bangkok
電話 02-100-1234
営業時間 カクテルバー17:00〜翌1:00
ワインバー11:30〜翌1:00　無休
http://www.centarahotelsresorts.com/centaragrand/cgcw/restaurant.asp

ティオペペ
BHT 300

買い物帰りに便利なオープントップバー。屋上を一周するように椅子が用意されているので、お好きなところに。

¥1000 Activity

馴染みのショッピングモール、**セントラルワールドと繋がっているセンタラグランドホテル55階**、こちらも屋根なしのオープントップバー。下から見上げると、大きな三角形が目印の巨大なオープントップバーでございます。こちらも予約不要。スタンディングしかなかったシロッコと違い、椅子もテーブルもちゃんとあるので、心ゆくまでバンコクの夜景を楽しんでください。雨期の夜空などには、遠くから轟く雷鳴が聞こえてきたり、稲妻が見えたりして、それはそれは感動的。

　世界で最も宇宙に近いバーホッピングの締めにふさわしいと最後に選んだのは、**バンヤンツリーホテル61階のバー、ヴァーティゴ＆ムーンバー**。世界的リゾートホテルとして名高いバンヤンツリーのバーだけあり、センスがいいんです。屋上全体のスペースを客船のデッキに見立てたデザインは、客船に乗って空を飛んでいるかのような気分にさせてくれます。

　こちらもレストランとバーコーナーに分かれていて、ほかと同様にレストランは要予約ですけど、バーは不要。カウンターテーブルと椅子がありますが、込んできたらスタンディングでもOKなので、満席で断られるということはまずありません。断られるのは、ドレスコードを守らない人。短パン、サンダル、Tシャツはダメよ。

Vertigo and Moon Bar
ヴァーティゴ&ムーンバー
Map p7

所在地 21/100 South Sathon Road, Sathorn, Bangkok
電話 02-679-1200
営業時間 17:00〜翌1:00　無休
http://www.banyantree.com/ja/

カクテル各種 BHT 350-

船のデッキに見立てた店の触先の部分に設けられたバー。絶景&バンヤンツリーの上質サービスがナイス。

¥1000 Activity

Price
250 Baht
Best value in Bangkok

(たぶん)世界一回転速度の速い
最新モールの最新観覧車

　2012年春、チャオプラヤ川のリバーサイドにグランドオープンしたバンコク最新ショッピングモール、**アジアティーク**。以前は木材工場だった広い敷地に大小約1500近くもの店が入居。観光客というよりむしろローカルに人気の一大エリア。最も"粋な"行き方は船で乗り付ける、という方法。BTSサパーンタクシン駅で降りたチャオプラヤ川の船着き場から毎日17時以降、無料のシャトルボートが出ているのでそちらを利用します。

　オカマショーで有名なカリプソなどもテナントとして入居するアジアティークですけど、しかしここではあえて店舗には触れません。というのも、ローカルの人にとっては絶対楽しいと思うのですが、観光客にとっては西洋ナイズされすぎて、タイらしさをあまり感じないと思うから。

　アジアティークから紹介したいのは、**観覧車**でございます。

　こちら、写真ではわかりませんが、速度がかなりのものなんです。通常、観覧車というのは、動いてる状態で乗り降りするものですが、こちらはスピードが速すぎて無理。**かなりの回転速度で一気に数回転**した後、ゴンドラを1台ずつ止めて乗り降りさせるという仕組み。ただし、その間はゆっくりと夜景を楽しむことができます。そんなタイで最速最新の観覧車は**大人250バーツ**。カップルで2人きりで乗りたければ、**500バーツ**を払えばそれも可能です。

　ところでアジアティークは夕方の5時から深夜12時の間のみオープンしているナイトマーケット。くれぐれも昼間に行って「開いてないじゃん!」ということにならないよう、ご注意を。

以前はルンピニで開催されていたナイトマーケットが、整理整頓されてこちらに移ってきた、そんな感じのアジアティーク。建物ごとに扱うものが分かれていて、タイのアートや雑貨を扱うショップが多く入居するWAREHOUSE 1に見るべき店あり。

ASIATIQUE THE RIVERFRONT
アジアティーク・ザ・リバーフロント　｜　Map p7

所在地 2194 Charoenkrung Road, Wat Prayakrai District, Bangkor Laem, Bangkok
電話 02-108-4488　**営業時間** 17：00〜24：00　無休
http://www.thaiasiatique.com/

¥1000 Activity

Trip to World Heritage

Price 1人往復
200 Baht-
Best value in Bangkok

世界遺産の街・アユタヤへ200バーツでワンデートリップ

ビクトリーモニュメント駅のほか、エカマイやモーチット2バスターミナルからもバスが出ている。

　バンコクから約120キロのところにある歴史的世界遺産の街**アユタヤ**。14世紀から18世紀半ば頃まで続いたアユタヤ王朝時代の遺跡群や涅槃像、バン・パイン宮殿など、惹かれるポイントも盛りだくさん。うれしいのは、それらのポイントが比較的コンパクトにまとまっていて、一日で回れるということ。そのアユタヤへは、ほとんどの人が1万円近い料金のツアーに参加して出かけます。ですが、ちょっと冒険をするだけで**往復200バーツ＝約600円で行ける**と聞いたら、あなたはどうしますか？

　ちょっとした冒険＝お得な行き方とは、**ロットゥ**と呼ばれる乗り合いバスで往復するという方法。乗り場はBTSのビクトリーモニュメント駅で降りた**アヌサワリーバスターミナル**付近。付近というのはバス停が決まっているわけではなく、バスの運転手が「アユタヤ行くよ!」みたいなことを叫んでいるので、それに乗るというスタイルだから。その声に客が次々に反応し、満席になったらバスは出発。バスといってもワンボックスカーのサイズなので、結構スピードも速く、アユタヤまでは約1時間半で到着。

　アユタヤでロットゥを降りて、「帰りもこの場所でいいのか？」「何時頃出発なのか？」などを確認したら、アユタヤの観光に出発。と、そこで困るのは移動方法。ツアーではないので自力で何とかしな

Ayutthaya　　アユタヤ　Map p7

アクセス

鉄道　バンコクのフアランポーン駅発、チェンマイまたはウボンラチャタニー行きが1日15本
　　　［所要時間約1時間半］

バス　バンコク東バスターミナル発
　　　［所要時間約1時間半］ほか

船　　バンコクのシャングリ・ラ ホテル前とリバーシティ ショッピングセンターのボートツアーセンターから、リバークルーズが毎日運航しています。チャーターも可能

Trip to World Heritage

アユタヤのほかパタヤ、カンチャナブリほか多方面行きのバスが出ているエカマイバスターミナル。ちなみにアユタヤまではバス会社によって異なるもののだいたい片道50バーツ前後。戦勝記念塔から出ているロットゥのほうが若干値段が高い。

　くてはならない。と、そこに1台の**トゥクトゥク**が現れて……そう、あなたにチャーターされるのを待っているんです。迷わずチャーターしておきましょう。どうせ歩いては回れないんですから。
　アユタヤビギナーなら、おおよそのコースとしては以下のコース。手入れのよく行き届いた敷地の中に点在する建物が素晴らしい、**バン・パイン宮殿→巨大チェディと涅槃**、ずらり並んだ仏像が素晴らしい光景の**ワット・ヤイ・チャイ・モンコン→**ビルマ軍により、頭を切り落とされた仏像の姿が悲しい**ワット・マハタート→**3本の仏塔が美しい**ワット・プラ・シーサンペット→**高さ17メートルの金の仏像が輝く**ヴィハーン・プラ・モンコン・ボピット**（ここでやめてもいいけど、その後、象に乗るという手もあり）。……というのがおおよそのコース（約2時間）。トゥクトゥクのドライバーも心得ています。何もいわなくてもおそらくこの通りに回ってくれるはずです。
　トゥクトゥクでなく、自転車で回るという方法もあり。街中には

ワット・マハタートはアユタヤお約束の場所。切り落とされた頭部が菩提樹の枝に抱かれ、こんな光景を見せてくれるとは。奇跡なのか奇妙なのか……?

レンタルサイクルショップがあり、パスポートを見せれば（コピーでも可）貸し出しOK。歴史の街アユタヤを、足で漕いで自分のペースで回る。これこそ悠久の街を回るのにふさわしい方法ではありませんか？ しかし夏の季節は相当に暑いので、帽子などの暑さ対策をしないとダウンするので要注意。

Bang Pa-In Palace　バン・パイン宮殿　| **Map p7**

所在地 Ban Len, Bang Pa-in, Phra Nakhon Si Ayutthaya
入場時間 8：00〜17：00（チケット購入8：00〜15：45）無休
アクセス バンコク市内より、タクシーで約1時間15分
料金 BHT 100（※カートでの見学は400B／台）

Wat Yai Chai Mongkon
ワット・ヤイ・チャイ・モンコン　| **Map p7**

所在地 Khlong Suan Phlu Phra Nakhon Si Ayutthaya Amphoe Phra Nakhon Si Ayutthaya
入場時間 8：00〜17：00　無休
アクセス アユタヤ駅からトゥクトゥクで約5分。バンコクからタクシーで約90分。ミニバス（ロットゥ）で約100分
料金 BHT 20

Wat Phra Mahathat　ワット・マハタート　| **Map p7**

所在地 Chikun Tha Wasukri Phra Nakhon Si Ayutthaya
入場時間 8：00〜18：00（ライトアップ19：00〜21：00）無休
アクセス アユタヤ駅からトゥクトゥクで約5分。バンコクからタクシーで約90分。ミニバス（ロットゥ）で約100分
料金 BHT 50

Wat Pra Srisanpet　ワット・プラ・シーサンペット　| **Map p7**

所在地 Amphur Muang, Ayutthaya
入場時間 7：00〜18：00（ライトアップは19：00から21：00）無休
アクセス アユタヤ駅からトゥクトゥクで約10分。バンコクからタクシーで約90分。ミニバス（ロットゥ）で約100分
料金 BHT 50

Viharn Phra Mongkol Bopit
ヴィハーン・プラ・モンコン・ボピット　| **Map p7**

所在地 Pratuchai Phra Nakhon Si Ayutthaya
入場時間 月〜金曜日8：00〜16：30　土・日曜日8：00〜17：30
アクセス アユタヤ駅からトゥクトゥクで約10分。バンコクからタクシーで約90分。ミニバス（ロットゥ）で約100分
料金 無料

How to Enjoy Khao San Road

カオサン通りの歩き方

　かつてはバックパッカーの聖地といわれた**カオサン**も、今では地元のカップルがデートにやってくる、そんなすっかりお洒落タウンへと様変わり。とはいえ、相変わらずインチキギリギリの商売は健在だし、カオサンならではの屋台もあったりするし、外国人が多く集まるのでそこそこのセンスのものが安い値段で買えたりするし、英語が通じるので安心だし……。カオサンは変わってもカオサンらしさは残っています。そんなカオサンを散策することもまた、タイ旅行の外せないコンテンツだと思うんです。ということで、今どきのカオサンはいったいどうなっているのか？　さっそくパトロールに出動することに。

　まずはメインのカオサン通りから。出かけるなら屋台が出没し始める夕方以降。屋台の中でおすすめなのは、**激安パッタイ**。たった25バーツで炭水化物が取れてお腹がふくれるという、昔からのカオサンの名物メニューは外せませんって。屋台といえば、カオサンでは食前酒が飲めるバー屋台から前菜の**ソムタム屋台**、メインディッシュの**カバブ屋台**……と屋台を回って激安フルコースを食すことも可能です（一品の値段は**30〜50バーツ前後**）。

　食事が済んだら、買い物チェック。道の両脇には店が並んでいます。扱う商品は主に時計やカバンの偽物を扱う店が多いパッポンとは違い、服やカバン、サンダルなどといった、**日常で使えるものが多い**のがカオサンの特徴。もしブランドのロゴが入った服を見つけても、すでにおわかりかと思いますがそれらはすべてコピー。本物はここでは売ってません。

　店と店の隙間から時折姿を見せるのが、偽IDショップ。ほかの

ถนนข้าวสาร
Thanon Khao San
Khet Phra Nakhon

S.P.SILVER

S.P. JEWELLERY

ให้เช่า
ป้ายโฆษณา
CO-MASS
081-6232203
086-7726776

KFC

NEW BOSTON
LADIES & GENTS
CUSTOM TAILORS

すっかりオシャレゾーンとなったカオサン。雨のカオサンはしっとりと濡れて……まるでパリ!?

エリアではあまりお目にかからない売り物です。悪用するのはいけませんが、お土産として1枚作ってみるというのはあり、です。またタトゥショップが多いのもカオサンの特徴かもしれません。お笑いステッカーなどのバラまき土産を買ったら、全長約500メートルのカオサンストリートは終了し、次のカオサンエリアに移動。ちなみにカオサンでの値切りの相場ですが、ほかと同様表示価格より3割ダウンを目標とするのがいいみたい。

　もうひとつのストリート、**ソイ・ランブトリ・エリア**にはオシャレ系レストランやバーが並び、夜になると欧米人客であふれています。見た目はお洒落なレストランでも**値段はカオサン料金**。200バーツ以下で十分お腹がふくれます。また激安ホテルが集まっているのもこのエリア。1泊100バーツから部屋を見つけることが可能だし、運が良ければ**500バーツ前後でプール付きの部屋**が見つかることだってあるんです。同じくカオサンのどのエリア

でも目にするのが "**PATAYA 200BHT**" "**AIRPORT 100BHT**" の看板。バンコクからショートトリップを企画して、しかも安い移動手段を考えているのなら、ぜひ相談してみるといいですよ。また、大通りを挟んだ反対側のランブトリ通りも様変わり。以前には外籠り、沈没組の日本人を多く目にしたこのエリアも(今でもいるにはいるけど)、すっかりお洒落レストランやバーが林立するようになりました。

　カオサン散策はこれでおしまい。屋台で食べて、歩いて値切って、オシャレ系カフェでダラダラ&まったりなごむ……それが今どきのカオサンの遊び方なんだと思います。

Khao San Road　カオサン通り　| Map p8

所在地 Phra Nakhon, Bangkok

Nightlife in Bangkok

タニヤ、パッポン、ナナ
バンコク3大歓楽街を見に行く

　バンコク系のガイドブックの中には、いわゆるお父さんたちのための「夜のお楽しみバンコクガイド」の類いが少なくないことは、皆さんも知ってると思います。その手の本で1コーナーができてしまうほど、バンコクの夜がアツいのは事実。新宿の歌舞伎町が「世界一の歓楽街」などといわれたりしてますけど、密度と内容でいったら断然バンコクのほうが上だと思うのは、自分だけではないと思います。男と女にかかわるおよそ何でもありのバンコクの夜を散策してみるのもまた、ご機嫌なアクティビティなんです。え？　女性も大丈夫かって？　歌舞伎町を女性が歩けるのと同じ。バンコクの歓楽街だって場所を選べば安心して歩けます。

　ではさっそく**タニヤ**から。夜のイメージが強いタニヤも、昼間はオフィス街で働く人々が主役の街。ランチタイムになれば安くておいしい屋台が現れるし、現地プライスの和食店やラーメン店もあり。OLが行列を作るほどの人気店もあったりして、夜とはまったく違う表情。タニヤの街へは、夜ではなくランチを食べに行くという手もあり、です。

　そのタニヤの空気が夜には一転します。街の主役は日本人ビジネスマン（バンコクに住んでいる期間が比較的短いグループ）と、彼らを呼び込む店の女性たちに変わります。日本人ビジネスマンを相手にした**クラブスタイルの店が乱立**し、激しい呼び込みの日本語が飛び交う街……それが夜のタニヤといってもいいでしょう。常連の店も持たず、知人もいない店に行ってもボラれるだけ。いいことは期待できないので次へ移動。

　メインストリートには偽物を扱う露店がびっしりと並び、その

バンコク歓楽街が不思議なのは、怪しいのに暗くないんです。働いている人もお客も大らかだと思います。にしても上の写真のネオンの"Fresh Beach Boy"って……?! そして下の写真は平均的ゴーゴーバー。

両脇には**ゴーゴーバー**、路地を入れば怪しいカウンターバーが並んでいるのが**パッポン**。バンコクの夜を代表する街でもあります。カップルでも女性同士でも安心して歩ける街。露店目当てに大勢の観光客がやってくるし、電気も煌々とついてるし。え？ 両脇のゴーゴーバーが気になりますか？ では少しだけ解説を。入場料は不要です。店先に書かれているドリンクの値段を確認したら（150バーツ前後が相場）入店。ドアが開いている店がほとんどなので、入店を決断する前に**チラ見させてもらう**のもありです。そうそう、ダンサーは女性とは限りません。オカマだったり、女性だったり、両方だったり……ゴーゴーバーもいろいろですね。なのでお客も

Nightlife in Bangkok

NANA BURGER ナナ・バーガー | Map p6

所在地 Pak soi Nana Sukhumvit Soi 4 Road, Bangkok
電話 なし **営業時間** 夕方〜深夜 不定休

ナナプラザ入り口に夜になると登場する、ナナ・バーガー。おすすめはベーコンとチーズとレタスとトマトの全部乗せ。ナナ・バーガーの先、ナナプラザに突入したら、ピンク一色。用事がないなら行かなくても……？

男性だけとは限らず、カップルで入店する姿もチラホラ見かけます。で、スタッフに案内された席に座ってドリンクを注文。料金はドリンク代以外はかかりません。不安なら、キャッシュ・オン・デリバリー（オーダーするごとに料金を支払っておけば安心なのでは？）。

　何ですって？　男が踊るバーはないのかって？　大丈夫、ありますよ。**パッポンの夜は何でもあり**ですから。メインのパッポンとは少し離れた場所に通称「**ボーイズコーナー**」と呼ばれる一角があるので興味がある方はそちらへ。その一角はちょっと異様なムードですが、一度見てみる価値はありだと思います。世界のあちこちに行ってる自分ですが、こんな空気感、バンコクだけです。

最後は**ナナ**。こちらは女性が行っても面白くない場所。加えて、その気がない冷やかしの男性客が行っても相手にされない、そんなエロエロゾーン。エリア全体はピンクの怪しいライトで包まれ、男天国の世界。とくに用事がなければ行かなくてもOK。行く用事があるとしたら、それはナナエリア入り口に出る屋台スタイルのハンバーガーショップ、**ナナ・バーガー**。これ、正直バンコクで一番おいしいハンバーガーだと思います。かつて母と娘と思しき2人が、毎日汗だくになって焼いてくれたここのハンバーガーを食べて以来のファンでもあります。あれから約10年、今回の取材でついにフランチャイズを始めたことが判明。頑張れナナ・バーガー！

　ということで夜の締めにラーメンではなく、ナナ・バーガーを食べたら本日の取材終了。

　あ、ソイ・カーボーイに行くのを忘れてましたが、こちらもナナ同様、用事のない人が行く場所でもないので、あえて触れないでおきました。

夜は日本人駐在員のお父さんたちであふれるタニヤは、昼はこんな様子。ちなみに駐在お父さんたちの名誉のためにいっておきますが、タニヤはいわゆるエロゾーンとは違います。

¥1000 Activity

Price
140 Baht
Best value in Bangkok

カップルで観るパッポン
"男と女とキックボクシング"

　男と女とオカマとオナベの喧噪のエリア、パッポン。そのパッポンでカップルで楽しめる店はないかと、探したのがこちら。看板にはこう書いてあるぞ。"MAN&WOMAN KICK BOXING"。……ん？ 男性と女性が対戦するキックボクシング!?……ではなく、基本はゴーゴーバーなんだけど、**ショータイムとしてキックボクシングを行っている**のです。「ゴーゴーバーに2人で入るのはちょっと……」というカップルでも、ショータイムの始まる23時に行けば、ゴーゴーバーの雰囲気の中、キックボクシングのみを目の前で楽しめるというわけ。しかもお値段は看板にあるとおり、**ビール1杯140バーツ**。しかもカバーチャージなし。ドリンク代だけでキックボクシングが観戦可能！

　驚いたのは、それまで水着のお姉さんたちが踊っていたフロアがいきなり片付けられたと思ったら、そこにわずか数分で本格的リングを設営してしまうと手際の良さ。リングが完成するとそれまで踊りのBGMとして流れていたヒップホップ系の音楽から、いきなり**ムエタイのBGM**が店に響いて、たちまち空気が一変。同じ裸でも裸になる場所と音楽でこんなにも違うとは！　そしてバンコクでは、男も女も裸になることでのし上がっていける、そんなバンコクドリームもある……。ダンサーもボクサーも頑張れ！　皆で応援しようじゃないか！（試合終了後にはチップを忘れずに）。そうと決まれば、次のバンコク、23時になったらピンク（パンサー）で会おう！

　ちなみにキックボクシング会場として有名な**ルンピニ・ムエタイスタジアム**で観戦すれば3階席でも1000バーツと高額です。

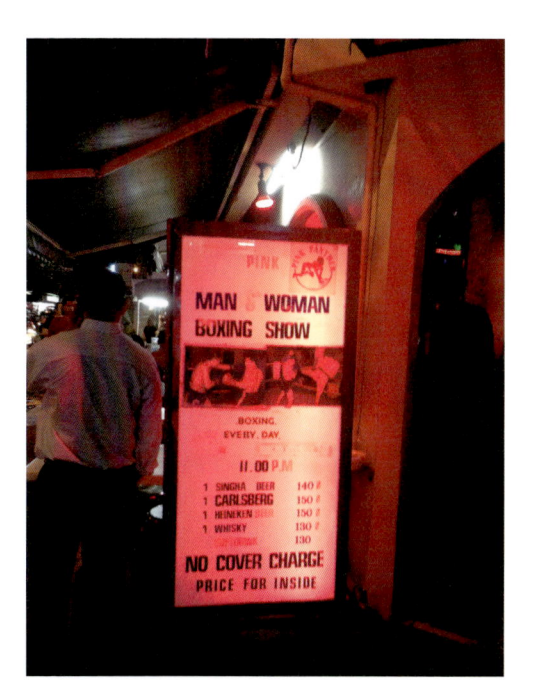

ゴーゴーバーでタイ式ボクシングを観るという、なかなかシュールな体験ができるのはおそらくここだけ。今どきのパッポン、カップルで行くならオカマショーより断然こっち。

The Pink Panther Patpong　ピンクパンサー・パッポン　| Map p7

所在地 37/4 Patpong Soi2, Suriwongse Rd., Bangrak, Bangkok
電話 非開示　**営業時間** 20：00〜翌2：00　無休
http://pinkpanther-bangkok.com/index.html

¥1000 Activity

Price
1人 1800Yen-
Best value in Bangkok

発見！ 1000円台でちゃんと泊まれるスタイリッシュホテル

　長期滞在する場合、タイに慣れているのなら、カオサン辺りの安宿ゲストハウスに泊まるのもいい。しかし、アクティビティとして泊まるならともかく、普通の旅行者がわざわざ利用する必要も理由もない。だけど、宿泊費は抑えたい……。そんなあなたへ、最適なアコモを見つけてきました。ネットで料金を確認すると、1部屋1泊の最低料金が3600円前後から5000円前後（シーズンや曜日によって変動）。つまり**2人で泊まれば1人1800円から利用可能！**

　しかもサイアムという超便利な一等地で、BTSのナショナル・スタジアム駅から徒歩1分。いやぁ探せばあるんですねぇ。

　ホテル**ibis（イビス）**という名前、イマイチ日本では知られていませんが、フランスに本拠を置く世界的ホテルチェーンで、ソフィテルやノボテルを運営する**アコーホテルズのカジュアルブランド**。最近、東京・新宿にも進出しました。で、ここのイビスが面白いのは同じアコーホテルズのワンランク上の**メルキュールホテル**と同じ建物だということ。なので追加料金を払えばメルキュールのルーフトッププールが利用できるというお値打ちサービスもあったりするんです。

　そのほか、メルキュールもイビスもロビーは共有、バーも利用可能。全面ガラスの瀟洒な外観と、カジュアルな空間はチープさを感じさせません。日本のどこかのビジネスホテルよりオシャレ感も高く、相当お得なホテルなことは間違いありません。この手のホテルの料金は、時期や曜日によって大きく変動するので、タイ行きが決まったら、ネットで常にチェックです。

　1000円以内でとはいきませんが、この料金、この立地、このグレードなら許してもらえます？

BTSナショナル・スタジアム駅徒歩1分。サイアムへも徒歩ですぐという旅行者にとって完璧な立地。プールは同じ建物内にあるメルキュールホテル宿泊者用。利用料を払えばイビス宿泊者も利用できる。安く泊まって必要ならお金を払えばいいという、おいしいシステム。

ibis Bangkok Siam　イビス バンコク サイアム　| Map p6

所在地 Rama 1 Wangmai, Pathumwan, Bangkok
電話 02-659-2888
http://www.accorhotels.co.jp

¥1000 Activity

Price
100 Baht-
Best value in Bangkok

なんと1泊100バーツで
逃げ込める部屋もあります

　バンコク＝激安旅行。いまだにそのイメージが強いのも確か。しかしこれまで書いてきたように、バンコクは日本の半額以下で十分に贅沢ができる都市。遊ぶお金がかからないのなら、宿までそんなに切り詰めなくてもいいと思うんです。しかしそれでも安く宿を見つけようという人は、よほど長い滞在を考えているか、それとも何か逃げ込む理由があるから？　ま、それはともかく、実際そういう人たちに優しいアコモデーションも、数は少なくなったとはいえ、**カオサンの裏路地**にあるにはある。カオサンの歩き方の中でも触れたランブトリ通りの奥に、激安ゲストハウスが並んでいるエリアがあります。値段は写真のとおりで、メチャ安。ただし治安や衛生面にはそれなりに注意を払う必要があるということをお忘れなく。お金を落とした、盗られた、何かの事情で潜伏する必要が出てきた……そんな緊急時の避難先として覚えておくといいかも？

　激安ゲストハウスを利用する際には、いきなり決めずに、必ず事前に部屋を見せてもらうことをすすめます。部屋の鍵の状態、相部屋の場合なら同室の人の様子などをヒアリングしておきたいものです。部屋の鍵が不安ならカオサンの鍵屋で南京錠やワイヤー式のロックなどを購入。室内に置いた自分の荷物をしっかりガード。体と荷物は自分で守るしかありません。なお、ゲストハウス界隈には必ずといっていいほど、ランドリーショップがあります。長期滞在する場合にはとても助かります。値段はだいたいが重さで決まっているので、こまめに出すよりまとめてドカンと店に持ち込んだほうがお得。

ゲストハウスの一部には長く住み着いているいわゆる牢名主のような人物がいて、時に新参者がいじられたりいじめられたりすることがあるというのは、本当です。

所在地 カオサンエリアにとくに多い

¥1000 Activity

**Price
100 Baht-
Best value in Bangkok**

毎日でも揉んでもらいたい
極楽＆お手頃タイマッサージ

　物価の安いタイではマッサージも当然安い。1時間100バーツ台からだってあるぞ。もちろん安いからといって下手なわけではない。なぜなら安いお店は、観光客よりむしろローカル相手の商売。ローカル客の間に「あそこはヘタ」と噂が立っては大変。観光客相手の店よりむしろ一生懸命に揉んでくれるような気がします。それにマッサージは料金とうまさが比例するわけではないというのは、皆さんもご存知の通り。**担当者とこちらの相性**みたいなものがあり、それがバチッとハマったとき、実に心地良い極楽感を得ることができるのであります。

　高い店と安い店に腕の差がないとしたら、料金はいったい何の差なのかというと、設備や場所の違いくらいなもの。で、ここでは初めてでも行くのに便利な店（観光客とローカル両方がターゲットに人気店）として、**タニヤのキングス・ボディハウス**を推しておきます。

　次に推したいのがアソークという便利な場所にあって1時間120バーツという激安店の**メイ・マッサージ**。もちろん腕のほうは体験済みです。設備面では部屋が個室感に欠けるものの、ローカル客で込み合い出す夕方前に行けば空いているので、さほど気になりません。近くのソイ・カーボーイ周辺にもマッサージ店が並んでいますが、こちらはエロマッサージ。その気がないなら利用しません。

　そして最後に**セフィーレ**。セフレじゃないですよ。こちらは日本人がオーナーのマッサージ店。安いマッサージ店にあって、清潔さとグレード感はかなり高く、安心して通えます。

　先に書いたように、マッサージの満足感は、施術者との相性で決まります。滞在中何度も通って、いち早く自分にぴったりの担当者を見つけ、ひいきにすることが、極楽への近道なんです。

MAY MASSAGE　メイ・マッサージ　｜　Map p8

所在地 139/1 Sukhumvit Soi 21 Bangkok
電話 08-6246-0826　**営業時間** 9：00～24：00　無休

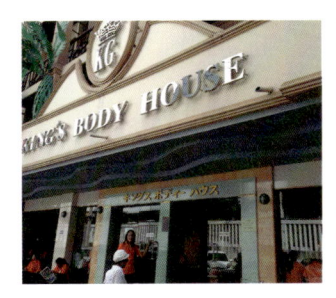

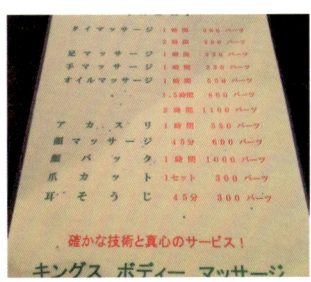

KING'S BODY HOUSE　キングス・ボディハウス　｜　Map p7

所在地 37/6-7, Soi Surawong Plaza, Surawong Rd.,Bangkok
電話 02-632-8169　**営業時間** 9：00～24：00　無休

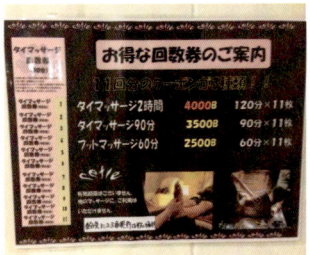

+Cefle　プラス・セフィーレ　｜　Map p8

所在地 10/16 Sukhumvit Soi 33, Bangkok
電話 02-662-3304　**営業時間** 10：00～24：00　無休　http://www.plus-cefle.com

¥1000 Activity

**Price
120 Baht-
Best value in Bangkok**

青空マッサージは缶ビール持参で満足度倍増

　カオサン辺りを歩いていると目にする、**露店タイプのマッサージ**。これ、最初ばかにしてたんです。値段もそれほど安いってワケでもないし、外だし。ところがあるとき、取材であまりに歩き疲れて受けてみたところ、いいんですよ、これが。夕方から夜にかけての時間というのもあったのだけど、時折吹く風が心地良くって、マッサージの腕も良くって、つい眠りに落ちてしまって。しかしそのとき思ったのは、何かが足りないということ。青空だし、何かこうもっと開放感というようなものが欲しいなぁと。いったい何だ？　何が足りないんだ？……**そうだ、ビールだ！**　ビールがあればさらに万全だったんだぁ！

　そこで今回ビール持参で臨んだカオサンの**青空マッサージ**。いい！　実にいい！　リクライニングさせたチェアに横たわってフットマッサージを受けている今の自分がとてつもなく贅沢。もしかして王様？　そんな気分になれてしまうんですよ。室内のマッサージではこうはいきません。そもそもビール持ち込みなんて許されないし、店内に売ってもいないし。青空マッサージだから為せる**ビール＆マッサージ**。次回あなたもぜひトライしてみてください。一度体験するとやみつきになりますから。

　それにしてもマッサージを受けるたびに思うのは、日本でもバリでもタイでもその心地良さにほとんど差はない、ということ。それでいて料金の差は歴然。料金の手軽さを考えたら、日本で溜めこんでしまった心と体の疲労は、やはり近場のアジアで、一気に修正するのが一番なのかも？

マッサージ&ビール。今回初めてトライして感じたのは、これはビーチ&ビールと同じくらいにナイスな組み合わせだということ。これはやみつきになりますよ。しかし飲みすぎると途中トイレに行くはめになり、心地良さ中断。適量で。

THAI MASSAGE タイ・マッサージ | Map p8

所在地 Khaosan Rd, Phranakhon, Bangkok（カオサン通り中ほど）
電話 なし **営業時間** 不定 不定休

¥1000 Activity

Price
150 Baht-
Best value in Bangkok

ネイルサロン激戦フロアは、バンコクの底値！

　ローカルの女子たちが最も多く集まるエリアといえば、**サイアムセンター**周辺。数年前の暴動で一部焼かれてしまったとはいえ、品揃えと価格で依然として人気のエリア。午後になれば近くにあるチュラロンコン大学の女子大生をはじめ女子高生やOLたちがあふれています。そうそう、タイでは大学生も制服があり男女とも上は白いシャツ。下は女子は黒いスカート。男子は黒いパンツ。一見すると高校生に見えても、立派な大学生です。

　ま、そんな話はともかく。女子が集まれば、当然彼女たちをターゲットとする商売が乱立。狭いエリアでいい意味での競争が行われています。そんな競争の中から観光客も利用できそうなものとして紹介するのが、**ネイル**。場所はサイアムセンターとMBKとをつなぐ2階の通路。写真のようにネイルサロンばかりが並んでいるんです。なので料金はどこも一緒で**ポリッシュ150バーツ**から。それにしても安くないですか？　マニキュアコースなんて日本では3000円くらいするものでもこちら200バーツ、約600円ですよ。

　どの店もほぼ同じ料金、同じデザインのように思います。そんな中からどの店にするかは、自分と同年代のお客が多い店だったり、常に順番待ちの列ができている店だったり、担当者の服や身なりのセンスの良さなどで判断して決めるといいのでは？

お客で込み合う夕方を避けてか、店が開店する11時過ぎからすでにお客でにぎわうサイアムのネイル激戦区。かなりのお値打ち料金です。

Siam Center サイアムセンター | Map p6

所在地 989 Rama 1 Road, Pathumwan, Bangkok
電話 なし　**営業時間** 11：00頃～21：00頃　不定休

Transportation Style in Bangkok

バンコク交通事情
水上ルートと空中ルートで
高効率に移動する

　バンコクの渋滞は酷い。ホントに酷い。朝夕のラッシュ時のみならず、慢性的に朝から日が暮れる頃まで主要道路はクルマが動かない。効率良く動くには**スカイトレイン**と呼ばれる**BTS**や**チャオプラヤエクスプレス**と呼ばれる**水上バス**、**MRT（地下鉄）**を利用して効率良く動くのに限る。

　バンコク中心部の移動なら、BTSが便利。ただし、料金が細かくて面倒。2013年、中途半端に数バーツずつ地味に値上げされたため、31バーツとか42バーツとか端数が細かくて面倒になったんです。しかも紙幣が使える券売機が極端に少なく、いちいち小銭を用意する、もしくは窓口で両替してもらわなくてはならず、これまた厄介。行き先は6つのゾーンに分かれていて、目的の駅

事故があったわけでも工事中というわけでもなく。慢性的に渋滞のタイ中心部。時間を大切にしたい観光客にはBTSが便利。金額と行き先は券売機を見れば英語でも表示しているので一目瞭然。両替窓口横に便利な路線マップもあり。

(左)微妙な身長の子供は、駅入り口の身長計を使って計測ね。(右)チャオプラヤエクスプレス利用の際には、駅名と停まる船の旗の色を必ずチェック。

のゾーン及び料金を券売機で確認。料金を払えばカードが出てきて、それを自動改札に通せばOK。**最低料金は15バーツ**から。頻繁に移動するなら1デーパス（120バーツ）を買うのがお得です。

　ユニークなのは子供料金。駅に身長計があって、身長で料金が決まっているんです（90センチ以下無料）。しかしよく見ると140センチのところにも印がされていて、そこには140センチより小さければ「子供の日は無料」と書かれ、BTSの太っ腹ぶりを見せてくれています。印といえば座席の上にお坊さんのイラストがあったらそこは**お坊さん優先シート**。お坊さんがリスペクトされているタイです。すみやかに席を譲らなくてはなりません。

　街の中心部からウィークエンド・マーケットやカオサンに行くときに便利なのが**MRT**。こちらは駅に入る手前の金属探知機を通ってからでないと切符を買えません。タッチパネル式の券売機で目的の駅に降りれば金額が表示されます（15バーツ〜）。こちらは紙幣も使えるので便利。お金を入れたらコインのようなカタチをした磁気が組み込まれたトークンが出てくるので、それを改札口のセンサーにタッチすればOK。こちらも**1日券あり（120バーツ）**。

タクシーは乗る前に行き先を運転手に告げる

　王宮やワット・ポーなど、川沿いの観光スポットに行くのに便利なのが、**チャオプラヤエクスプレス**。わかりやすい乗り場は、BTSのサパーンタクシン駅で降りた川岸から。チャオプラヤ川沿いに約20近い船着き場があり、どこに停まるのかや各駅か急行かによって、船の上の旗の色が異なります。船着場で乗る前に必ず確認を。料金は船内で係の人が集金にきます。「こんなに込んでてホントに来るのかよ？」と、**ただ乗りをしようとしても無駄**。誰がどこから乗ってきて、どいつが料金を払っていないのか、どういうわけかすべて把握しているんです（15バーツ）。

　水上でもう一つ覚えておくと有効なのが**センセーブ運河**を飛ばす高速ボート。町の中心部のプラトゥナムエリアからカオサンや王宮に行くには、プラトゥナムの乗り場から西方面へ。終点のパンファからタクシーやトゥクトゥクで行くと時間と財布にも快適（10バーツ〜）。

　この船の端っこに座ったら、ほかの乗客を守るためにやらなくてはならないことがあります。それは船がすれ違う際、川の水しぶきから皆を守るという大切な使命。**船が来たな！**　と思ったらさっと紐を引っ張り、ブルーシートをスルスルッと上げるのはあなたしかいません。しかしこれ、**意外に楽しいん**です。

チャオプラヤエクスプレスからの景色は絶景。川の上ということもあって、エアコンなしでも結構涼しいんです（エンジンはうるさいけど）。川沿いに名所も多いので、水上移動をマスターし、高効率に巡ってください。

運河を駆ける高速ボート。かなり飛ばします。駅での乗り降りはローカルを見習って素早く。紐を引いて、シートをいっぱいに張った状態がこんな感じ（右）。

　駅や船着場から目的地までの距離があるとき。そんなときに利用するのが**タクシー**や**トゥクトゥク**。タイでは客より運転手のほうが高飛車です。手を挙げてタクシーを停めたら、乗り込む前に窓越しに運転手に行き先を告げるのがルール。行き先が気にいらなければ運転手は平気でクビを横に振り、走り去っていってしまいます。込んでいたり雨が降っていればなおさら高飛車。「ノーメーター。100バーツね!」などと、メーターを使わせずに倍以上の金をふっかけてきたりもします。乗るか乗らないかはそのときの状況とあなた次第です。ちなみにタクシーの運転手の交代時間というのがあり、それが**夕方の5時前後**といわれています。その時間はタクシーの台数が極端に減り、ますます停めにくくなることを覚えておきます。**基本料金は35バーツ**です。

　タクシーが停めにくいとなると、そこにやってくるのが、タイ名物三輪タクシーのトゥクトゥク。以前はタクシーより断然割安だったのが、今では**タクシーと変わらない料金**。エアコンはないし排気ガスを浴びるしで、ローカルの人はほとんど乗りません。メーターもないし、料金はドライバーのいいなりだし。タイ観光の思い出作りとして乗る以外にはおすすめしません。また、バイクでトゥクトゥクに近づいて、乗客の荷物を奪う事件も多発。乗る際には手荷物を内側にして持つことです。

Good Value!!

¥1000 バンコク㊙コラム

タイ式トイレのルール&マナー

手動シャワートイレでお尻を洗う。

紙でふいてもトイレに流してはならない。

　タイのトイレに入って、トリガーのようなものが便器の横にぶら下がっていたら、それはいわゆる"手動シャワートイレ"です。用を終えたら、ノズルの先をお尻に向け、トリガーをギュッ！ とすると水がシャッ！
　昔はデザインも均一なものしかなかったのですが、最近では写真のようにかなりオシャレ目デザインのものも出現しています。
　トリガーでお尻付近をシャッ！ ペーパーで軽くふいたら、そのペーパーを流すのはルール違反。便器横のカゴに捨てるのがタイでのマナー（バリも同じ）。水道管の性能が悪く詰まってしまうというのがその理由。もしペーパーを捨てるカゴが用意されていなければ流しても大丈夫。このルール、日本人だけでなく西洋人の人々も知りません。なので頻繁に詰まるのか、「流すな！」と言う趣旨の張り紙までしてあるトイレもあるくらいに、これはとても重要なことなんですよ。

Part3

¥1000 Shopping 🛒

Geki-Yasu Shopping in Bangkok

混沌空間の問屋街に飛び込み、大人買い!

　アジアの混沌が色濃く残るチャイナタウン。洗練された感のあるサイアムやトンロー辺りとはまったく異なる街並みを残すチャイナタウンの奥のまた奥。そこに毎日繰り広げられる、更なる混沌模様が存在します。

　そのエリアの名前は**サンペーレン**。狭い路地の中をトゥクトゥクが走れば、バイクも通り抜ける。大声を上げて道を開けさせリヤカーで何かを運ぶお兄さんも走れば、出前の屋台も駆け抜ける……。そんないったい何が何だかの無法地帯。しかしそこは何でもありの問屋街。路地を進みブロックが変わるごとに靴系、雑貨系、カバン系、時計系、ビューティ系、アパレル系、ティーンエイジャー系、それからそれから……。次から次に現れて&どんどん深みに入っ

路地の奥の奥。チャイナタウンが迷宮なのはどこの国でも同じなのですわ。

人、人、人……店、店、店……。入り込んだら出口が見えない。果てしなく続く問屋ロード、サンペーレン。ハマる人はハマります。

ていく。迷宮にでも迷い込んでしまった感覚で買い物を楽しむのがいいんです。

　問屋街ですが一般の人も買えます。1個からでも買えます。しかし大量に買えば、**個人でも問屋価格で売ってくれる**んです。「ネット通販でも始めてみようかな」と、そう思えるくらいの数の商品が、お小遣い程度の元手で仕入れられる、そんなサンペーレン。実際、日本からもその手のプロの人たちが買い付けに来ています。取材当日も、日本で店を経営している知人が仕入れているところにばったり遭遇。「**いやぁ、仕入れ値がバレちゃいましたね**」と、かなりばつが悪そうでした。

　ほとんどの商品には2つの値段が付けられています。高い値段はバラ売りで買うときの値段、安い値段はホールセラーである程度の数をまとめ買いするときの価格。バラ売り価格とホールセラー価格の金額の差は倍近くあります（といっても元が安いので、1個買うだけでも十分安いのですけど）。ではホールセラー価格で買うにはいったいどのくらいの数を買わないといけないのでしょう？

　100個？　1000個？　いやいや、まったくそんな数ではなく。「**6**

個でもいいし、12個でもいいよ」と、拍子ぬけするほどの少なさ。バラまくにも実に程良い数だし、何のためらいもいりません。大人買いの快感をとことん楽しんじゃってみてください。

　サンペーレンで買い物をすると決めたら半日、いや一日は費やすことを覚悟しておきます。次から次へと現れるお店にいちいちハマって、なかなか抜け出せません。混沌の問屋街ということもあり、美しく整然とディスプレーがされているわけでもなく、日本での買い物に慣れている人は、なかなか食指が動かないかもしれません。しかしちゃんと見ていくと、**かなりいいものに出合えます**（そうでないとプロも来ませんから）。頑張っていいものが見つけられるよう、期待しています。

　ウィークエンド・マーケットもパッポンの屋台もプラトゥナムもMBKも、ほとんどのお店がこのエリアで仕入れた商品を販売しているという現実。よそで買う前にまず、サンペーレンで底値を確かめておけば、店の仕入れ値もわかって。その金額を基準に、値切りの交渉ができるというものです。

Yaowara Market　ヤワラー市場　｜　Map p8

所在地 In fron of Old Market, Yaowara, Bangkokほか
電話 なし　**営業時間** 8：00頃～18：00頃（店舗により異なる）　不定休（店舗により異なる）

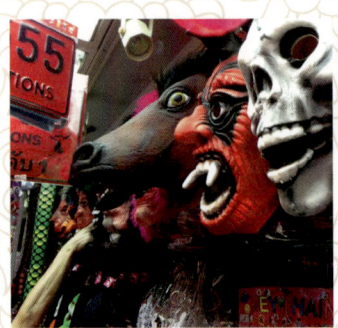

同じような馬のかぶりもの、日本では数千円。しかしこちらでは150バーツ！（左）。木製のコースター1個50バーツも、問屋プライスなら10個で300バーツに（右）。

1. 小銭入れ1袋12個入り155バーツって、いったい1個いくらよ!? **2.** 日本のキディランドあたりで売っていそうな財布も、1個100バーツ、6個買えば1個70バーツ。**3.** これは見事なカラーバリエのウィッグ。仲間とかぶれば宴会で引っ張りだこですな（1個400バーツ／6個買えば1個280バーツ）。**4.** これ、全部時計。圧巻ですな。値段は1個50バーツ〜でまちまち。これが街中では200バーツに化けるんだろうな。それでも安いけどね。**5.** カワイイ子供サンダルもまとめ買いなら数十バーツ〜！　まさにバンコクの底値見つけました！

Price 20 Baht-
Best value in Bangkok

ローカルプライスで何でも揃うMBK

　タイの底値エリア、サンペーレンで買い物を、と解説したばかりですが、サンペーレンという名の迷宮に迷い込んでいる時間はないという人のために、これから先のページではお約束の場所を中心に、何をどこで買うべきなのかをガイドしておきます。

　まず庶民派巨大モールの**MBK**。秋葉系とアメ横系と原宿系と渋谷系と神保町系と……およそどんなラインのものも揃うのがMBK。ローカル目線でいいものを揃え、お手頃価格で販売するテナントが多く入居していると考えられます。そうでなければ**毎日毎日10万人近くもの人**が集まってくるわけがありませんから。

　観光客にとっては上方の階にいいものがあります。だけど撮影して掲載できないものが多すぎます（コピー商品が多いということ）。「いいなこれ！」と思ったものは大抵がコピー品。しかし中にはかなり秀逸なS級コピー品があったりして、心が動いてしまいます。ですが「**買ってはいけません**」と、ここではいっておきます。買ってはいけないついでに思い出したのですが、日本で話題のタイのダイエットピルを販売するクリニックも、ここにテナントとして入っています。が、日本で認可されていない危険な成分も入っているので、これもまた買ってはいけません。

　アパレル系もかなりの品揃えですが、電気系も負けないくらいに品揃えが豊富。**SIMフリーの携帯**や携帯カバーなどの携帯関連グッズ、ヘッドフォン、ゲーム機、その他のガジェット系も実に豊富……なんですけど、こちらの中にも掲載できないもの多し。しかしそれらを見るにつけ、どれもこれも見事なものだなぁと感心してしまうんですけど……やっぱり買ってはいけません……よね？

女子の日常的に使うものを扱うショップからシネコンまで。ローカル若者狙いの店と、外国人観光客狙いのコピー商品中心の店とが同居するMBK。毎週水曜夕方6時から、入り口前でキックボクシングを開催。誰でも無料で観戦できるという素晴らしいサービスを実施中。

MBK Center MBKセンター | Map p6

所在地 444, MBK Center, Phaythai Road, Pathnmwan, Bangkok
電話 02-620-9943　**営業時間** 10:00～22:00（店舗により異なる）　**休日** 店舗により異なる
http://www.mbk-center.co.th/

¥1000 Shopping

**Price
10 Baht-
Best value in Bangkok**

欲しいものが必ず見つかる！
毎週末がバンコク見本市状態

　オリジナル・タイデザインから骨董品、家具、占いグッズまで、およそ欲しいものが何でも揃うのが、チャトチャックの**ウィークエンド・マーケット**。価格帯はサンペーレンのように底値というわけではありませんが、週末にはここを攻めておくことをおすすめします。

　あまりに広大なチャトチャックは、回り方をしっかり予習してから攻めないと非効率。そこで拙著『1週間タイ』でも触れた、効率良く回るための心構えを確認しておきます。

①半日以上歩く気がしない場合は、エリアを絞る
②混雑を避けたい場合は朝イチで出動
③水分補給を忘れずに
　一日かけて回る場合、2時間に一度くらいのペースでカフェ休憩を取らないと、体力が持たずに後半バテる。
④迷ったら買え
　折に触れていってきたことですが、「また後で、と戻ってきたときには商品なし」。まして混沌度の強いマーケットでは二度と同じ場所には戻れないかもしれない。迷っている暇はないんです。
そして最後に、
⑤迷ったときの待ち合わせ場所を決めておく
　地下鉄チャトチャック駅周辺、もしくは比較的どこにいてもランドマークになる時計台がわかりやすい。

　値切りの交渉はもちろん行います。どのマーケットでも、目標金額は値札からマイナス3割。そこを着地点として交渉開始です。

　以上、巨大マーケット攻略法を頭に入れたら、狙いを定めて片っ端からチェックです。

巨大市場のチャトチャック。園芸、アンティーク、雑貨、カジュアル服……と建物ごとに扱う商品が異なります。最初に狙いをつけていかないと時間と体力を浪費します。

Chatuchak Weekend Market
チャトチャック・ウィークエンド・マーケット | **Map p7**

所在地 Thanon Kamphaeng Phet Chatuchak, Bangkok
電話 なし **営業時間** 10：00頃～22：00頃（店舗により異なる） **休日** 店舗により異なる
http://www.jatujakguide.com/

¥1000 Shopping 137

Price
51 Baht-
Best value in Bangkok

おいしいお土産が揃うデパ地下で
タイの味をテイクアウト

　タイの味を日本に持ち帰りたくなったら、行くべき場所はデパートの食料品売り場です。ほかのものと違い口に入れるものです。日持ちと味を考えて、そこそこいい商品を買っておいたほうが間違いないと思います。そこで狙いを絞ったのが高級デパート、**サイアム・パラゴン**の食料品売り場。バンコクセレブや在住外国人が頻繁に利用していて、タイのものはもちろん輸入品も多く扱うこちらは、タイの高級スーパー**グルメマーケット**がテナントとして入っています。

　個人的に必ず買うのが、こちらの**レトルトカレー**（51バーツ）。いろいろ試した中、このシリーズが味と日持ちに最も優れていると思います。そうそう、こちらのシリーズと箱の色が似ているからと間違えそうになったのが、可愛いネズミのパッケージの箱。最初見たときにはマウス印のカレー？　とそう思ったのは本当です。しかしよく見たらゴキブリホイホイのネズミ版！　そんな商品に描くネズミのイラストは、可愛くしてはいけないと思うのですが、違いますか？　カレーといえばもうひとつ。p22でも紹介している高級レストラン、ブルー・エレファントの各種**カレーペースト**や、**トムヤムクンのペースト**（60バーツ）も狙い目。

　そして最後に、タイのドライフルーツを味見して、好きなものを袋に詰めたら、この場所から撤収です。

　……ということで【¥1000 SHOPPING】の項はこれでおしまい。最新スポット、アジアティークには行かなかったのかって？　行きましたよ。でも何だかキレイすぎて。経済発展したバンコクの人たちが、その豊かさを実感するには素晴らしい場所だと思うんです。だけど、タイらしさに乏しいというか……。判断が分かれるところです（詳しくはp96）。

食料品はやはりデパ地下が一番。お土産に持ち帰るなら上質なものを、ということで、高級店サイアム・パラゴンへ。にしてもねずみ取りのパッケージ、カレーのパッケージに似てません？

Siam Paragon　サイアム・パラゴン　｜　Map p6

所在地 991 Rama 1 Road, Pathumwan, Bangkok
電話 02-610-8000　**営業時間** 10：00〜22：00　無休
http://www.siamparagon.co.th/

Good Value!!

¥1000 バンコク㊙コラム

イミグレーションで並ばず、悠々入国する裏ワザとは？

　アジアのハブ空港でもあるバンコクのスワンナプーム空港には、世界から多くのエアラインが乗り入れていて、入国審査は常に行列状態。審査通過に1時間近くかかることもよくあります。しかしその行列を横目に、悠々と専用レーンで入国できる方法があるんです。このサービスは、旅行会社H.I.S.でアジアアトランティックエアラインズまたは特定の航空会社を利用した航空券やツアーを申し込んだ場合に、無料〜1000円で受けられます。ビジネスクラスに乗ってなくても、この待遇＆サービスが、無料（もしくはわずか1000円）で可能になるとは、かなり画期的！

　ちなみに、このアジアアトランティックエアラインズという聞き慣れないエアラインは、タイの新しいチャーター専用エアライン。成田・関西に就航し、バンコクとの間を毎日往復（期間限定）。現地滞在時間が有効に使える成田朝発で、しかも燃油サーチャージがかからないので、かなりお得な料金になっています。

URL http://www.his-j.com/tyo/special/asia_atlantic_airlines.html?lcid=tc01

Part4

¥1000 Resort Style

Bangkok Bar Hoppin'!

ホントは教えたくなかった!?
パラダイスビーチ・ホッピング

　魅力的なビーチリゾートをいくつも持つタイ。中でも**プーケット**はタイを代表するビーチリゾート。エリアの中にはたくさんの魅力的なビーチが点在。静かで美しい秘密の隠れ家ビーチもあれば、お洒落なビーチカフェやレストランが並ぶビーチも。また、ラグーナビーチのような、一大リゾートエリアも登場して、とても1カ所に留まっていることなどできません。そこで、エリア内からおすすめビーチをピックアップ。ビーチホッピングする

1 Surin Beach
スリンビーチ　Map p9

所在地 Cherngtalay, Phuket
営業時間 7:00〜17:00

オシャレ系ビーチハウスが並ぶスリンビーチは夜もまた盛り上がる

こ、これは!? まさに断崖絶壁ビーチ。秘密度が相当高い。

2
Laem Sing Beach
ラムシンビーチ **Map p9**

所在地 Bottom of the hill between Kamala and Surin, Phuket

というアクティビティはいかがです?

　ということで、今回泊まっている**ラグーナビーチ**から南下することに。交通手段はレンタルバイク。バイクのレンタル料金は24時間で330バーツ。あり得ないくらいの安さ(宿泊先の**アウトリガー・ラグーナ・プーケット・ビーチ・リゾート**のコンシェルジェに依頼した村のレンタルバイクショップの価格)。ホテルにバイクを持ってきてくれて、ホテル返しでOKという、何ともラクチンなスタイルでこの金額!

　リゾートエリアを出て、最初に到着したのは**スリンビーチ**。海に向かって右側のほうには白を基調としたお洒落ビーチハウスが点在。かなり洗練された雰囲気を醸し出しています。プーケットの中のイヴィザ……そんな感じのスリンビーチ。それらビーチハウスは夜になるとクラブとなり、週末は人気DJのプレイで大盛り上がり。**キャッチ・ビーチクラブ**で**ベイリーズ**(230バーツ)を飲み、ひと泳ぎ。アルコールが抜けたら次なるビーチへ移動。

　駐車場にバイクを停め、断崖絶壁を下りていった先という、かなり秘密度が高い場所にあるのがラムシンビーチ。ほとんど隔絶された場所にあるこちら、アクセスするのにも難易度が高いビーチ。隔絶されたといえば、次の**イグアナビーチ**も隔絶感が高い。知ら

イグアナビーチ。なぜイグアナ？ それは不明。わずかなスペースに快適空間を作り上げてくれた先達に感謝！

3
Iguana Beach
イグアナビーチ　Map p9

所在地 Kalim Beach, Patong, Phuket

ければ見落としてしまいそうな看板の脇を下りると現れる小さな入江。これこそ秘密のプライベートビーチと呼ぶのにふさわしいビーチ。バーで**ビール**（100バーツ）を頼み、しばらくまったりしようかとも思ったのだけど、店のスタッフがまだ出勤前（というそんなタイのダラダラ加減が好きです）ということで、渇きを我慢して次のビーチに移動。

　途中、プーケットエリア最大の歓楽街＆ビーチ、**パトンビーチ**は

半島の先の入り江に見つけたまさにパラダイス！ ほぼプライベートビーチです。

4
Paradise Beach
パラダイスビーチ　Map p9

所在地 Paradise Beach, Phuket
営業時間 9：00～18：30

とりあえずパスして、さらに南下。海の色が美しい**エメラルドベイ**を通過し、さらに海沿いの道を進んだ突端の先。舗装されていない砂利道を下った先に広がるビーチこそが、今回の目的地、**パラダイスビーチ**。程良い大きさの入江の穏やかな海と白い砂。聞こえてくるのは鳥の鳴き声だけ。山の緑と海の青の間の僅かな空間は、まさにパラダイス。あるんですよ、まだこんな場所が。

　パラダイスへの入場料は100バーツ。この中にはビーチチェア&パラソルの使用料が含まれています。バスタオル（もちろんクリーニング済みのきれいなもの）もレンタル可能（50バーツ）。パラダイスは2つの入江に分かれていて、お好きなほうへ。個人的には奥の入江のほうがより静かなので好きですけど。小腹が減ったら素朴な昔ながらのビーチハウスで**カレー**（130バーツ）、ビールは83バーツ、水33バーツと端数が気になる料金設定はなんだ？　ちなみにカレー、あまりに辛くてヒーヒーいってたら、店のオバちゃんが同情したのか、バナナをくれました。そんな素朴で心温まるパラダイスも残っている、ホントは教えたくなかったパラダイスビーチ、最高です。

　夕方の黄昏時、ラグーナビーチに戻ってサンセットを見たら、プーケットビーチホッピングはおしまい。

5
Laguna Beach
ラグーナビーチ　**Map p9**

所在地　Cherngtalay, Phuket

一大リゾートエリアのラグーナビーチから見るサンセット。さえぎるものなしのドッカーン夕日。

Price
200 Baht-
Best value in Bangkok

ビーチで憧れの４ハンズマッサージ！

　パラダイスビーチからラグーナビーチへ戻る途中に寄ったのは**パトンビーチ**。今さらながらこちらのビーチへ立ち寄る目的は、ビーチそのものではなく**パトン名物ビーチマッサージ**を受けて、一日の疲れをほぐすため。そのためにはまずビーチチェア＆パラソルのセット（1日100バーツ）を借りて、オバちゃんがやってくるのを待つ。周囲にオバちゃん見当たらず、とりあえず後方の売店から出前のビール（80バーツ）を。いやぁハワイと違って**ビーチでビールで飲めるって、最高！**　そうこうするうちやってきたのは春巻き売りのオバちゃん（2本で50バーツ）。ところが、いつもならすぐにやってくるマッサージおばちゃんは一向に姿を現さず。必要なときにいない。こんなもんだよな……。2本目のビールが空く頃ようやく現れたオバちゃんは、日本の美白少女の模範となるべく、日焼け対策完璧スタイル。「ささ。さっそくやってくんねぇ！」とその前に料金交渉。いくらと聞くと、「ボディ1時間で300バーツ、フットは30分200バーツね」と日本語で説明されたので、「安くしてよ。フット1時間200バーツでどう？」と持ちかけたら「それじゃ片足だけね」だって。そりゃないじゃん、満足も半分だけで終わるのはいやぁだなぁと思い、**結局40分両足200バーツ**になったよ。

　波の音とオバちゃんの巧みな技で眠っていると、何やらさらに二本の手の力を感じ、起きてみる。すると、**「お兄さん皮汚いね。ペディキュアね」**と、勝手にフットケアが始まってプラス100バーツ。結局高いんだか安いのだか？　しかし心と足は喜んでいる、そんなビーチマッサージ。仕事とはいえ、暑い中申し訳ないと、2人にミネラルウォーターをご馳走しときました。

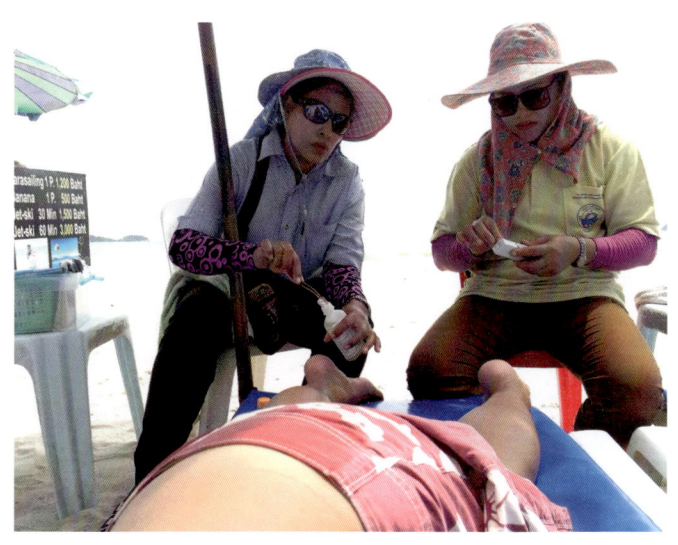

しかしこの方たちのお姿、とてもマッサージ嬢とは思えません。ビーチの掃除のオバちゃんかと勘違いされませんか？ 一方、春巻きオバちゃんも凄いぞ。日光江戸村にいそうななんだよなぁ。よくわからないけど。

Patong Beach パトンビーチ | Map p9

所在地 Patong Beach, Katu Patong Beach, Phuket

Price
140 Baht-
Best value in Bangkok

お洒落ビーチフロントホテルの
バーでサンセット&カクテル

　プーケットの海岸線からサンセットを見るにはどこがいいのか？目ぼしいビーチが西に向いているので実は夕日の見え方はそれほど変わりません。ですが、意外にもビーチ沿いにはお洒落で静かなバーっていうのがなかったんです。そこで**ラグーナビーチ**。海に面した広大な敷地をリゾートエリアとして整備。デュシタニ、バンヤンツリー、アウトリガーほかの5大スターホテルをはじめ、ショッピングモールなどが設けられているんです。

　サンセットの狙い目はそれら**ホテルのビーチバー**。どちらかというとドメスティック感の高いプーケットエリアのほかの海岸線とは異なり、上質リゾートのムードが漂い、サンセットをロマンティックに過ごすのにふさわしい空間が確保できるんです。

　狙いをつけたのは、2013年4月に完成したばかりの**アウトリガー・ラグーナ・プーケット・ビーチ・リゾート**。海に面した広大な敷地にゆったりと作られたリゾートのビーチフロントのバー、**エッジウォーター**。17時から19時という、まさにサンセットタイムのハッピーアワーは**カクテル1杯（280バーツ）の料金で2杯OK**。ビール好きなら、好きなビール4本セットで255バーツというビールバケットがお得。

　もちろん、プーケットが発祥の地のアマンなどもムード最高です。ですけど、宿泊者以外は敷地への立ち入り禁止。サンセットを楽しむことはできません。それにビーチも狭いし。プーケットの最新エリア、ラグーナビーチはサンセットの穴場なんです。

今までありそうでなかった海ぎわの上質リゾート空間がラグーナビーチに。ビーチリゾートのお約束、サンセットとカクテルと波の音の3点セット、完璧に揃ってます。

Edgewater エッジウォーター | Map p9
Outrigger Laguna Phuket Beach Resort

所在地 Laguna Village 323 Moo 6 Srisoonthorn Road Cherngtalay, Thalang, Bangtao Bay, Phuket
電話 076-360-600　営業時間 9：00〜22：00　ハッピーアワー 17：00〜19：00　無休
http://www.outriggerthailand.com/laguna-phuket-beach-resort/

Let's Go for Island Hoppin'!

Price 1人あたり
450 Baht-
Best value in Bangkok

アイランドホッピングへ！
秘境まで450バーツ！

　プーケットから船に乗り約2時間で到着する、**クラビ**。プーケットまで行く人は多いのに、その先のクラビを目指す日本人が少ないのは残念。わずか2時間でまったく違う、世界でも珍しい美しい海と島が存在しているというのに、それを見ないで帰っていいんですか!?（バンコクから飛行機で直接行く方法もあり）。

　まるで海から生えているような奇岩や、無数の無人島が浮かぶクラビは、**奇跡の海**。石灰質の島を波と雨が浸食、島の内側に完璧なエメラルドグリーンの色をした素晴らしい入江が存在していたり、波の満ち引きにより島と島の間にサンドバーが現れたり、洞窟があったり……。それら不思議な光景がほとんど手つかずのままに残されているのは、ベースタウンとなる**アオナン**以外は大規模な開発を行わず、移動手段以外、エンジン付きのボートで遊ぶことを許可していないなど、きちんと保護されてきたからだと思います。

　アオナンの先、アンダマン海に浮かぶ奇跡の光景を見に行くのは簡単。ロングテール・ボートのツアーに参加します。アオナンのメインストリート、海に向かって左端、警察の隣にチケット売り場があり、直接そこ

SAKURA TOUR さくらツアー　| Map p9

所在地　Issara Road, Paknam muang, Krabi
電話　075-622-262　無休
http://sakurakrabitour.sharepoint.com